Ernst Heinrich Philipp August Haeckel

**Die Kalkschwämme - Eine Monographie**

Ernst Heinrich Philipp August Haeckel

**Die Kalkschwämme - Eine Monographie**

ISBN/EAN: 9783744644068

Hergestellt in Europa, USA, Kanada, Australien, Japan

Cover: Foto ©ninafisch / pixelio.de

Weitere Bücher finden Sie auf **www.hansebooks.com**

# DIE

# KALKSCHWÄMME

EINE MONOGRAPHIE

IN ZWEI BÄNDEN TEXT UND EINEM ATLAS MIT 60 TAFELN ABBILDUNGEN

VON

ERNST HAECKEL.

---

DRITTER BAND

(ILLUSTRATIVER THEIL.)

ATLAS DER KALKSCHWÄMME

---

BERLIN

VERLAG VON GEORG REIMER

1872

# ATLAS

DER

# KALKSCHWÄMME

(CALCISPONGIEN ODER GRANTIEN)

VON

ERNST HAECKEL

DOCTOR DER PHILOSOPHIE UND MEDICIN, ORDENTLICHEM PROFESSOR DER ZOOLOGIE
UND DIRECTOR DES ZOOLOGISCHEN INSTITUTS UND DES ZOOLOGISCHEN MUSEUMS
AN DER UNIVERSITÄT JENA

SECHZIG TAFELN ABBILDUNGEN NEBST ERKLÄRUNG

---

BERLIN
VERLAG VON GEORG REIMER
1872

# Inhaltsverzeichniss
## des dritten Bandes.

---

# Atlas der Kalkschwämme.

---

### Erste Abtheilung.

## Ascones.

### Tafel 1—12.

---

## Zweite Abtheilung

## L e u c o n e s.

### Tafel 21 — 40.

---

## Dritte Abtheilung

# S y c o n e n.

### Tafel 41—60.

## Übersicht der 21 Genera des natürlichen Systems.

(Vergl. p. 64 und 65 des ersten Bandes, oder p. 8 und 9 des zweiten Bandes.)

| I. Asconen. | II. Leuconen. | III. Syconen. |
|---|---|---|
| Ascetta Taf. 1—5. | Leucetta Taf. 21—23. | Sycetta Taf. 41, 42. |
| Ascilla Taf. 6. | Leucilla Taf. 24. | Sycilla Taf. 43. |
| Ascyssa Taf. 7. | Leucyssa Taf. 24. | Sycyssa Taf. 44. |
| Ascaltis Taf. 8—10. | Leucaltis Taf. 25—28. | Sycaltis Taf. 45—47. |
| Ascortis Taf. 11, 12. | Leucortis Taf. 29. | Sycortis Taf. 48, 49. |
| Asculmis Taf. 13. | Leuculmis Taf. 30. | Syculmis Taf. 50. |
| Ascandra Taf. 14—20. | Leucandra Taf. 31—40. | Sycandra Taf. 51—60. |

NB. Sämmtliche Abbildungen von Skelet-Theilen, sowie die meisten Abbildungen von Weichtheilen, sind möglichst sorgfältig mittelst der Camera lucida vom Verfasser gezeichnet. Die Ausführung der Figuren in Kupferstich und Lithographie ist leider nicht immer nach Wunsch gelungen. Ursprünglich hatte den Kupferstich sämmtlicher Tafeln Herr Wagenschieber in Berlin übernommen. Leider wurde dieser treffliche Künstler, welchem die illustrative Zoologie so viele vorzügliche Darstellungen verdankt, vom Tode ereilt, nachdem er kaum zehn Tafeln vollendet hatte.

## Erklärung der Tafel I.

### Familie Asconen.

# Genus: Ascetta.

Species

Ascetta primordialis

(Anatomie.)

# Tafel 1.

## Ascetta primordialis (System p. 16).

Fig. 1. Eine solitäre geschlechtsreife Person mit nackter Mundöffnung (Olynthus primordialis). Rechts ist ein Stück aus der Körperwand ausgeschnitten, um die Einsicht in die Magenhöhle zu eröffnen. Rechts am Rande ist der Längsschnitt der Magenwand sichtbar. e Exoderm. i Entoderm. o Osculum. g Eier. p Poren (Loch-Canäle oder Poral-Tuben). Vergrösserung 100.

Fig. 2. Ein Stück Exoderm, mit zwei Hautporen (p). Das Syncytium (r) enthält viele Kerne (d), von denen einzelne in Theilung begriffen sind. t Reguläre Dreistrahler. t, Jugendformen der regulären Dreistrahler. t,, Centralkern. t,,, Centralfäden in den Schenkeln der Dreistrahler. Vergrösserung 700.

Fig. 3. Ein Stück Exoderm, mit Essigsäure und Carmin behandelt. Der Kalk ist aus den Dreistrahlern ausgezogen und ihre Scheiden (s) sind zurückgeblieben. d Kerne des Syncytium (r). Vergrösserung 700.

Fig. 4—6. Drei Stückchen des Syncytium, welche durch Zerzupfen des lebenden Exoderm mit Nadeln isolirt sind, und welche langsame amoeboide Bewegungen ausführen. Fig. 4. Ein Stückchen Sarcode ohne Kern (vom Werth einer Cytode). Fig. 5. Ein Stückchen Sarcode mit einem Kerne (vom Werth einer Zelle). Fig. 6. Ein Stückchen Sarcode mit zwei Kernen (vom Werth einer Zell-Fusion). Vergr. 700.

Fig. 7. Ein Stück Magenwand, von der Gastralfläche gesehen, mit zwei Poren (p). Die Geisselzellen (f) stehen dicht neben einander auf dem Exoderm (r), dazwischen liegen zerstreut die kugeligen Samenzellen, die entwickelten Spermazellen (s) in Gruppen von 4—8, und die einzelnen weiblichen Eizellen (g). Vergrösserung 350.

Fig. 8. A—I. Neun einzelne Geisselzellen des Entoderm. A—C. Drei Geisselzellen in der gewöhnlichen Form, oben mit cylindrischem Kragen, aus dessen Mitte die lange Geissel hervortritt. D—F. Drei Geisselzellen in etwas veränderter Form, mit beginnender Verwandlung in amoeboide Zellen. G—I. Drei Geisselzellen in amoeboide Zellen verwandelt. Vergrösserung 700.

Fig. 9. Drei isolirte Spermazellen oder Zoospermien. Vergrösserung 1000.

Fig. 10—12. Drei isolirte Eizellen. Die grössere Eizelle Fig. 10 und die kleinere Eizelle Fig. 11 kriechen frei wie Amoeben mit formwechselnden Fortsätzen umher. Beide Eizellen sind aus dem Exoderm genommen, in welches sie aus dem Entoderm (ihrer ursprünglichen Bildungsstätte) hineingekrochen waren. Das rundliche Ei Fig. 12, welches zwischen den Geisselzellen des Entoderm lag, befindet sich im Ruhezustande. Vergrösserung 700.

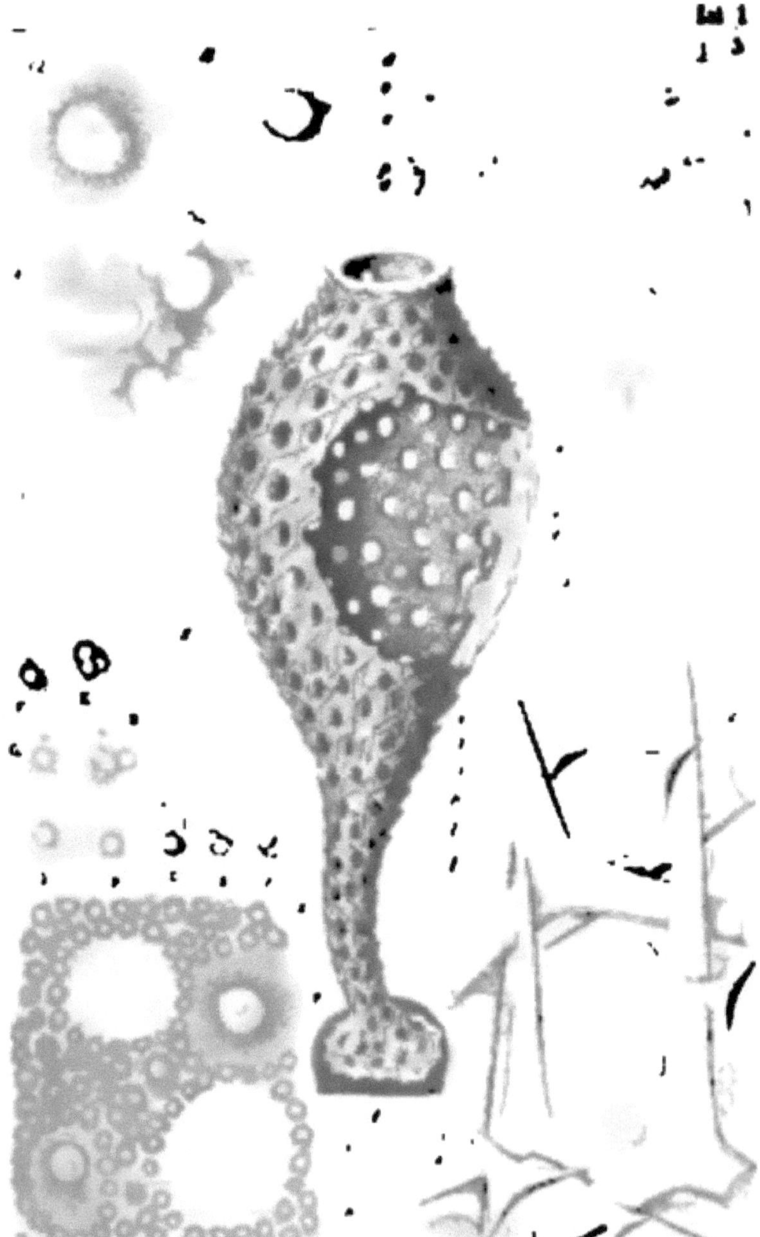

## Erklärung der Tafel 2.

Familie Ascones.

# Genus: Ascetta.

Species

Ascetta primordialis

(Polymorphose.)

## Tafel 2

### Ascetta primordialis (System p. 16)

Fig. 1. **Olynthus primordialis.** Eine einzelne Person mit nackter Mundöffnung. Vergrösserung 4.

Fig. 2. **Clistolynthus primordialis.** Eine einzelne Person ohne Mundöffnung. Vergrösserung 4.

Fig. 3. **Soleniscus primordialis.** Ein Stock mit lauter nacktmündigen Personen. Vergrösserung 4.

Fig. 4. **Tarrus primordialis.** Ein Stock mit mehreren rüsselförmigen Personal-Mündungen. Vergrösserung 4.

Fig. 5. **Nardorus primordialis.** Ein Stock mit einer einzigen gemeinsamen nackten Mundöffnung. Vergrösserung 4.

Fig. 6. Derselbe *Nardorus*-Stock im Längsschnitt. Vergrösserung 4.

Fig. 7. Ein anderer *Nardorus*-Stock mit sehr engen Pseudoporen an der Oberfläche. Vergrösserung 4.

Fig. 8—16. **Auloplegma primordialis.** Stöcke ohne alle Mundöffnungen, ein lockeres oder engeres Flechtwerk von geschlossenen Röhren bildend.

Fig. 8. Ein hochstämmiger *Auloplegma* mit Pseudogaster und Pseudostom (*Nardopsis*), an der Oberfläche mit sehr feinen und regelmässig vertheilten Pseudoporen, im System auf p. 21 und 22 beschrieben. Vergrösserung 4.

Fig. 9. Derselbe *Auloplegma*-Stock (*Nardopsis*-Form) im Längsschnitt. Die grosse centrale Höhle ist der Pseudogaster, welcher sich oben durch das Pseudostom öffnet. Die Wand ist von Gastrocanälen und Intercanälen durchzogen. Vergrösserung 4.

Fig. 10. Ein anderer, polsterförmiger *Auloplegma*-Stock (*Nardopsis*-Form) mit engen zahlreichen regelmässigen Pseudoporen der Oberfläche. Vergrösserung 3.

Fig. 11. Derselbe *Auloplegma*-Stock (*Nardopsis*-Form) im Längsschnitt. In die grosse centrale Höhle (Pseudogaster), welche sich oben durch das Pseudostom öffnet, münden viele enge verästelte Intercanäle. Vergrösserung 3.

Fig. 12. Ein klumpenförmiger *Auloplegma*-Stock, dessen Pseudoporen an der Oberfläche theils lange enge Spalten, theils kleine runde Löcher sind. Vergrösserung 3.

Fig. 14. Ein weiterer *Auloplegma*-Stock mit unregelmässigen Pseudoporen, der die Zwischenräume zwischen den [illegible] Lamellen einer rothen Koralle ausfüllt. Vergrösserung 3.

Fig. 15. Ein *Auloplegma*-Stock von dem Aussehen eines unförmigen Klumpens. Vergrösserung 3.

Fig. 16. Derselbe *Auloplegma*-Stock im Längsschnitt. Vergrösserung 3.

Fig. 17. **Ascometra primordialis.** Ein Stock, welcher aus verschiedenen Gattungsformen des künstlichen Systems zusammengesetzt ist: an der Basis ein maschiges Röhrengeflecht (*Auloplegma*), links mehrere nacktmündige Personen (*Olynthus*), in der Mitte mehrere rüsselförmige Stöcke (*Nardorus*), rechts mehrere Stöcke mit nacktmündigen Personen (*Soleniscus*). Vergrösserung 4.

Taf. 5

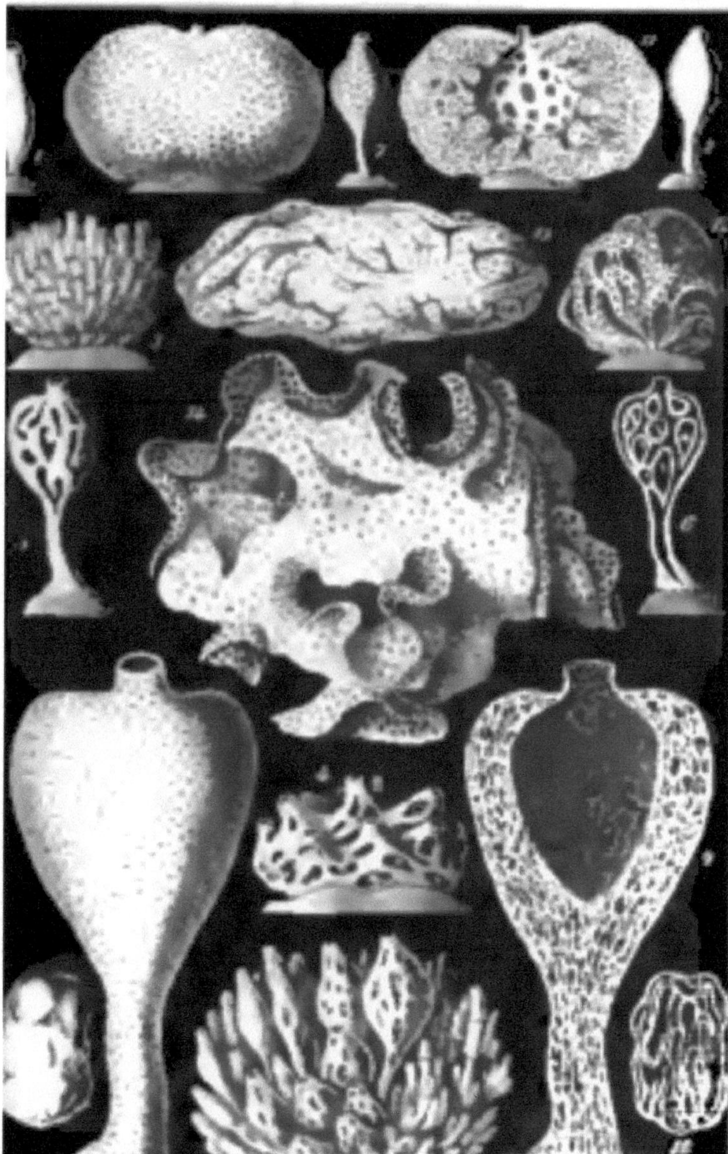

## Erklärung der Tafel 3.

Familie Ascones

# Genus: Ascetta.

Species

Ascetta coriacea

(Polymorphose.)

# Tafel 3

## Ascetta coriacea (System p. 24).

(Alle Figuren sind viermal vergrössert.)

NB. Diese Tafel hätte früher im Kupferstiche ausgeführt werden, da der treffliche Kupferstecher Wagenschieber während ihrer Ausführung starb. Daher sind mehrere Figuren unvollständig ausgeführt.

Fig. 1. **Olynthus coriaceus.** Eine einzelne Person mit einfacher nackter Mundöffnung.

Fig. 2. **Olynthella coriacea.** Eine einzelne Person mit rüsselförmiger Mundöffnung.

Fig. 3. **Clistolynthus coriaceus.** Eine einzelne Person, ohne Mundöffnung.

Fig. 4—8. **Soleniscus coriaceus.** Stöcke mit lauter nacktmündigen Personen. Fig. 4. Sechs monoblaste Stöcke mit je zwei Mündungen. Fig. 5. Ein monoblaster Stock mit drei Mündungen (Beginnende Tarrus-Form). Fig. 6. Vier monoblaste Stöcke mit mehreren Mündungen. Fig. 7. Ein monoblaster baumförmiger Stock mit sehr zahlreichen Personen. Fig. 8. Ein polyblaster Stock, durch Verschmelzung von zwei nacktmündigen Personen entstanden.

Fig. 9—14. **Tarrus coriaceus.** Stöcke, deren Personen sich gruppenweise durch je eine gemeinsame, nackte Mündung öffnen. Alle diese Stöcke sind polyblast, durch Concrescenz aus mehreren Nardorus-Stöcken entstanden.

Fig. 15—18. **Tarropsis coriacea.** Stöcke, deren Personen sich gruppenweise durch je eine gemeinsame, rüsselförmige Mündung öffnen. Diese Stöcke sind theils monoblast, theils polyblast, durch Concrescenz aus mehreren Nardopsis-Stöcken entstanden. Fig. 16 und 18 sind Verticalschnitte durch flache polsterförmige Stöcke.

Fig. 19. **Ascometra coriacea.** Ein Stock, welcher Repräsentanten verschiedener künstlicher Gattungsformen auf sich vereinigt trägt. Aus einem polsterförmigen mundlosen Röhrengeflecht (*Auloplegma*) erheben sich theils nacktmündige, theils rüsselmündige Personen-Gruppen (*Tarrus*, *Tarropsis*). Diese Figur ist verunglückt.

Fig. 20. **Solenula coriacea.** Ein Stock mit lauter rüsselmündigen Personen. Diese Figur ist gleich der vorigen verunglückt.

Fig. 21—24. **Nardorus coriaceus.** Rasenbildende Stöcke mit einer einzigen gemeinsamen nackten Mundöffnung. 21. Vier monoblaste Nardorus-Stöcke. 22. Ein monoblaster Nardorus-Stock. 23. Zwei monoblaste Nardorus-Stöcke. 24. Sechs polyblaste Nardorus-Stöcke, jeder mit einer Wurzel.

Fig. 25, 26. **Nardopsis coriacea.** Zwei rasenbildende Stöcke, mit einer einzigen, gemeinsamen, rüsselförmig verlängerten Mundöffnung.

Fig. 27—33. **Auloplegma coriaceum.** Stöcke ohne alle Mundöffnungen. Fig. 27, 28. Zwei netzförmige Stöcke, deren Röhren in einer Fläche liegen. Fig. 29, 30, 31. Drei polsterförmige Stöcke, deren Röhren in mehreren Flächen liegen (29 von der Fläche, 30 von der Seite, 31 im Verticalschnitt). Fig. 32. Ein polsterförmiger Stock mit pfeilerförmig und baumförmig aufgethürmten Röhren. Fig. 33. Ein polsterförmiger Stock im Verticalschnitt, der durch Concrescenz vieler baumförmiger monoblaster Stöcke entstanden ist.

## Erklärung der Tafel 4.

### Familie: Ascones

# Genus: Ascetta

Species

**Ascetta clathrus**

**(Polymorphose und Ontogenie.)**

## Tafel 4

### Ascetta clathrus (System p. 30)

Fig. 1. Ascetta labyrinthica (*Ascetta clathrus*, var. *labyrinthica*).
Ein mundloser polyblaster Stock (*Auloplegma*), welcher aus vielen ursprünglich getrennten mundlosen Stöcken zusammengewachsen ist. Die Wurzeln oder basalen Ansatzstellen einzelner dieser Stöcke sind oben bei a sichtbar. Die [illegible] Röhren des Geflechts sind inwendig leer, ohne Scheidewände und Fächer. [illegible]

Fig. 2. Ascetta clathrina (*Ascetta clathrus*, var. *clathrina*).
Ein mundloser polyblaster Stock (*Auloplegma*), welcher aus vielen ursprünglich getrennten mundlosen Stöcken durch Concrescenz entstanden ist. Die Wurzeln oder basalen Ansatzstellen einzelner dieser Stöcke sind bei a sichtbar. Die [illegible] Röhren des Geflechts sind inwendig durch Scheidewände in Fächer abgetheilt (Fig. 4, 5). [illegible]

Fig. 3. Ascetta mirabilis (*Ascetta clathrus*, var. *mirabilis*).
Ein mundloser polyblaster Stock (*Auloplegma*), welcher in der unteren Hälfte aus einem Stock von *Ascetta labyrinthica* (Fig. 1), in der oberen Hälfte aus einem Stock von *Ascetta clathrina* (Fig. 2) zusammengesetzt ist. Beide Stöcke gehen gleichzeitig und unvermittelt in einander über. Bei a sind oben die Wurzeln oder Ansatzstellen einzelner, ursprünglich selbstständiger Stöcke sichtbar. [illegible]

Fig. 4. Einige [illegible] Röhren (*Personen*) aus dem Geflecht des Stockes Fig. 2. Die Höhlung (*v*) der Röhren (Magenhöhle) ist durch Scheidewände in Fächer abgetheilt, in denen sich die Embryonen (*b*) entwickeln. *i* Entoderm. *e* Exoderm. *k* Intercanal-Räume. Vergrösserung 12.

Fig. 5. Eine Röhre (*Person*) aus dem Geflecht des Stockes Fig. 2. *v* Magenhöhle. *i* Entoderm. *e* Exoderm. *s* Scheidewände. *b* Embryonen. Vergrösserung 180.

Fig. 6. Ein Embryo, welcher unmittelbar als Flimmerlarve ausschwärmt (*Planogastrula*). Das feine Netz der Oberfläche bilden die polyedrischen Grundflächen der Geisselzellen des Exoderm. Vergrösserung 400.

Fig. 7. Derselbe Embryo (*Planogastrula*), im optischen Längsschnitt. *v* Magenhöhle. *i* Entoderm. *e* Exoderm. Vergrösserung 400.

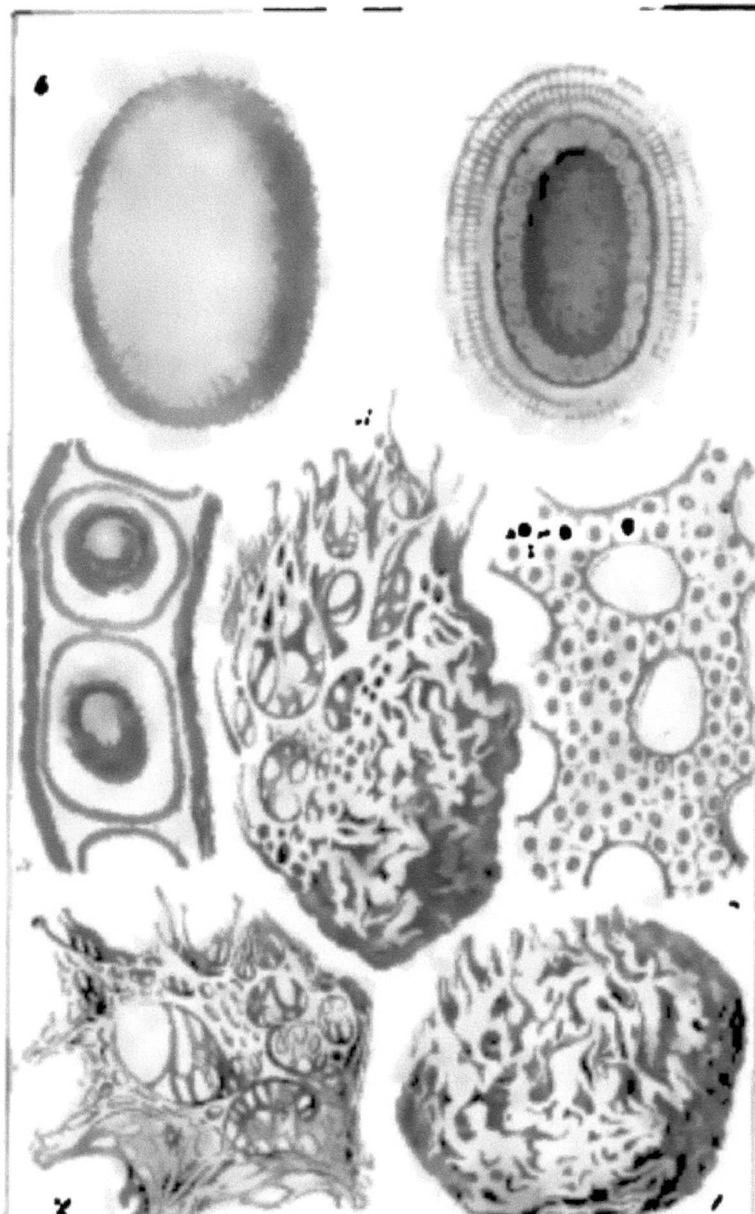

## Erklärung der Tafel 3.

### Familie: Ascones

# Genus: Ascetta.

**Species**

A. primordialis. A. coriacea. A. clathrus. A. sceptrum.
A. blanca. A. vesicula. A. sagittaria. A. flexilis.

**(Spicula des Skelets.)**

## Tafel 5

### Spicula des Genus Ascetta.

Alle Figuren sind 400mal vergrössert.

Fig. 1. Ascetta primordialis (System p. 16).
   1a—1c. Drei junge Spicula.
   1d. Ein ausgebildetes Spiculum der Varietät elongata.
   1e. Ein ausgebildetes Spiculum der Varietät prolongata.
   1f—1g. Zwei ausgebildete schlanke Spicula aus dem Inneren des Auloplegma-Stockes auf Taf. 2, Fig. 5, 6 (Varietät posterior).
   1h, 1i. Zwei ausgebildete plumpe Spicula von der äusseren Oberfläche desselben Auloplegma-Stockes (Varietät posterior).

Fig. 2. Ascetta coriacea (System p. 24).
   2a—2c. Drei ausgebildete Spicula.

Fig. 3. Ascetta clathrus (System p. 30).
   3a—3c. Drei junge Spicula.
   3d—3f. Drei ausgebildete Spicula.

Fig. 4. Ascetta sceptrum (System p. 37).
   4a—4c. Drei ausgebildete Spicula.

Fig. 5. Ascetta blanca (System p. 39).
   5a—5c. Drei ausgebildete Spicula.

Fig. 6. Ascetta vesicula (System p. 41).
   6a—6c. Drei ausgebildete Spicula.

Fig. 7. Ascetta sagittaria (System p. 42).
   7a—7c. Drei junge Spicula.
   7d—7f. Drei ausgebildete Spicula.

Fig. 8. Ascetta flexilis (System p. 43).
   8a—8c. Drei junge Spicula.
   8d—8f. Drei ausgebildete Spicula.

Taf. 5

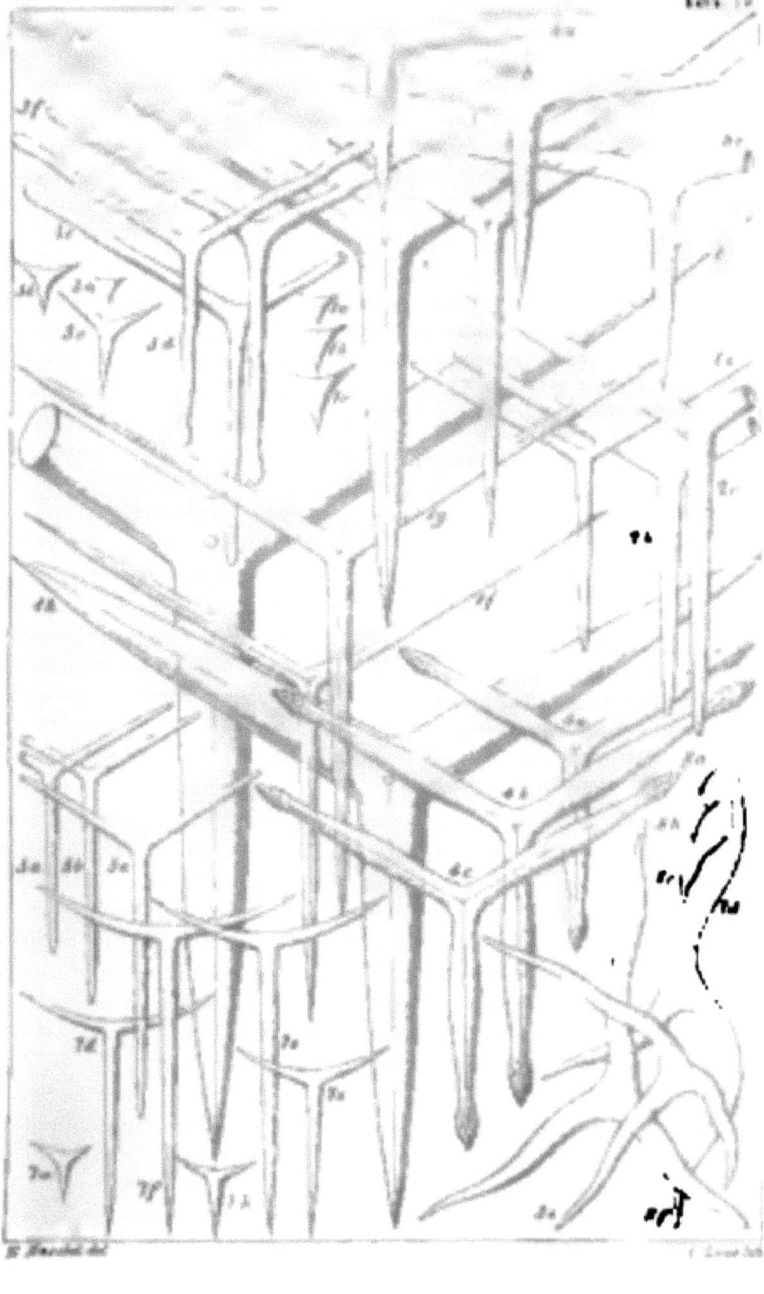

## Erklärung der Tafel 8.

### Familie Ascones

# Genus: Ascilla.

### Species

Ascilla gracilis. Ascilla japonica.

(Polymorphose.)

## Tafel 6.

### Fig. 1—7. Ascilla gracilis (System p. 16).

Fig. 1. **Olynthus gracilis.** Eine solitäre Person mit nackter Mundöffnung. Rechts oben ist ein Stück aus der Magenwand ausgeschnitten, um in die Magenhöhle zu sehen. Vergrösserung 20.

Fig. 2. **Clistolynthus gracilis.** Eine solitäre Person ohne Mundöffnung. Vergr. 20.

Fig. 3. **Soleniscus gracilis.** Ein Stock mit langen rüsselförmigen Personen. Vergrösserung 20.

Fig. 4. **Tarrus gracilis.** Ein Stock, dessen Personen sich gruppenweise durch je eine gemeinsame Mündung öffnen. Vergrösserung 10.

Fig. 5. **Nardorus gracilis.** Ein Stock mit einer einzigen gemeinsamen Mundöffnung. Vergrösserung 10.

Fig. 6. **Auloplegma gracilis.** Ein Stock ohne Mund-Oeffnung. Vergrösserung 10.

Fig. 7. Ein Stückchen der Körperwand, nach Entfernung des Entoderms von innen gesehen. Man sieht die Vierstrahler regelmässig geordnet mit parallelen Schenkeln zu Längsreihen liegen, und nach innen vorspringenden Apical-Strahl und abwärts gerichteten Basal-Strahl. In der Zwischenräumen der Sarcodine des Syncytium sind überall Kerne zerstreut. In jedem Poren-Feld ist ein Porus sichtbar. Vergrösserung 200.

### Fig. 8, 9. Ascilla japonica (System p. 17).

Fig. 8. **Soleniscus japonicus.** Ein Stock mit langen rüsselförmigen Personen. Vergrösserung 4.

Fig. 9. Ein Stückchen der Körperwand, nach Entfernung des Entoderms, von innen gesehen, ebenso wie Fig. 7. In den meisten Poren-Feldern sind mehrere Poren sichtbar. Vergrösserung 200.

## Erklärung der Tafel 1.

### Familie: Ascones.

# Genus: Ascyssa.

Species:

*Ascyssa troglodytes. Ascyssa acufera.*

(Anatomie und Ontogenie.)

# Tafel 1

## Fig 1—3 Ascyssa troglodytes (System p 48)

Fig 1 Eine Person mit nackter Mundöffnung (Olynthus troglodytes). Vergrösserung 4

Fig 2 Ein Stück aus der Mitte der Person Fig 1. Rechts ist ein Stück aus der Röhrenwand herausgeschnitten, so dass man in das Innere der Magenhöhle hineinsieht, während links ein Stück der äusseren Oberfläche sichtbar ist. e Exoderm, i Entoderm, p Hautporen, g Eier, in der Furchung begriffen. g1 Ungetheilte Eizellen, g2 Zweitheilung, g4 Viertheilung, g8 Achttheilung, g16 Zerfall des Eies in sechzehn Zellen. Vergrösserung 300

Fig 3 Vier einzelne Stabnadeln. Vergrösserung 400

## Fig 4—10 Ascyssa acufera (System p 50)

Fig 4 Ein Stock mit lauter nacktmündigen Personen (Soleniscus acufer). Vergr 4

Fig 5 Ein Stück von einer Person des Stockes Fig 4. Rechts ist ein Stück aus der Röhrenwand herausgeschnitten, so dass man in das Innere der Magenhöhle hineinsieht, während links ein Stück der Dermalfläche sichtbar ist. e Exoderm, i Entoderm, p Hautporen, g Eier, s Gruppen von Spermazellen (im Stich viel zu dunkel ausgefallen). Vergrösserung 300

Fig 6 Acht einzelne feine Stabnadeln aus dem Nadelfilz der Dermalfläche. Vergr 400

Fig 7—10 Zwei grosse, dicke, lanzettförmige Stabnadeln mit Lanzenspitze. Vergr 400

Fig 7 Eine grosse Stabnadel mit breiter Lanzenspitze, von der flachen Spitzenseite. Vergrösserung 400

Fig 8 Dieselbe von der schmalen Spitzenseite, um 90° gedreht. Vergrösserung 400

Fig 9 Eine grosse Stabnadel mit langer Lanzenspitze, von der flachen Spitzenseite. Vergrösserung 400

Fig 10 Dieselbe von der schmalen Spitzenseite, um 90° gedreht. Vergrösserung 400

Taf. 7

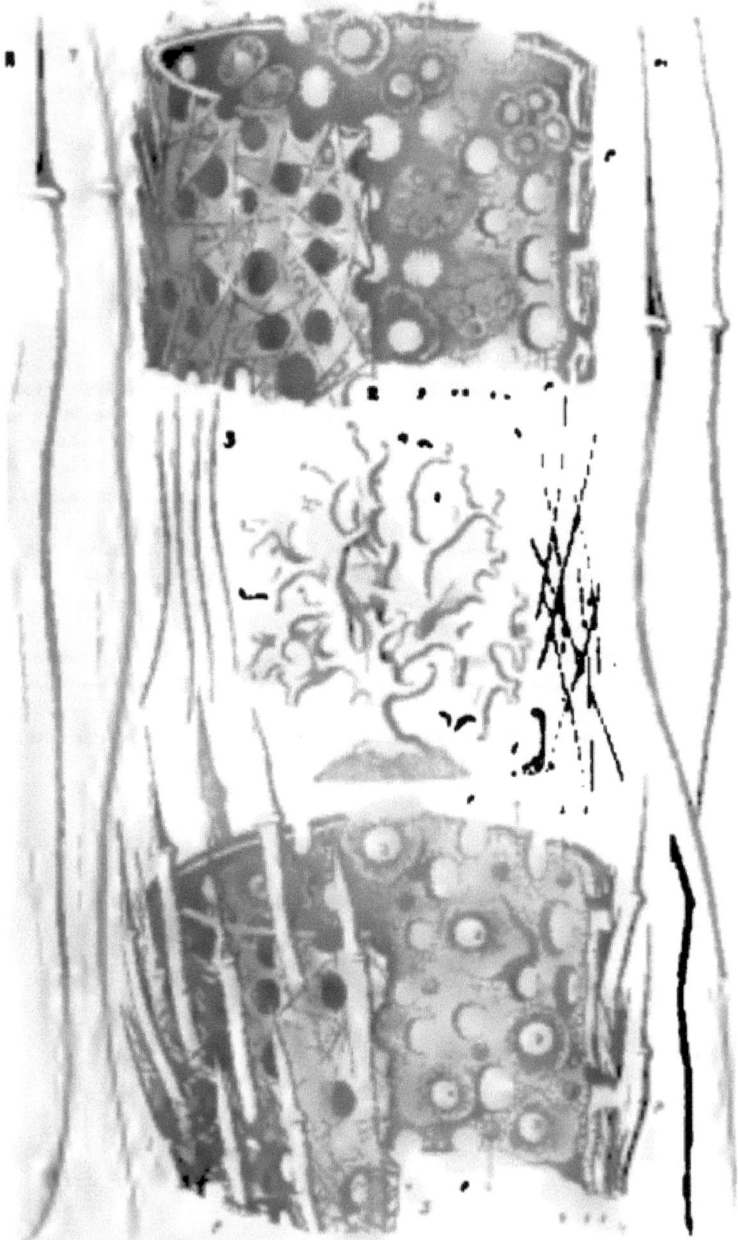

## Erklärung der Tafel 8.

### Familie Ascones

# Genus: Ascaltis.

Species

Ascaltis cerebrum

(Polymorphose und Anatomie.)

## Tafel 8.

### Ascaltis cerebrum (System p. 54).

(Diese Species bildet constant mundlose Stöcke: *Auloplegma*).

Fig. 1. Unreife Jugendform von dem Formwerthe des Olynthus: eine einfache Person ohne Mundöffnung. Vergrösserung 40.

Fig. 2. Dieselbe aus einer Person im Längsschnitt. Vergrösserung 60. *v* Magenhöhle.

Fig. 3—13. *Auloplegma cerebrum* (mundlose Stöcke).

Fig. 3. Unreife Jugendform, ein mundloser Stock mit zwei Personen, durch unvollständige Längstheilung entstanden, im Längsschnitt. Vergrösserung 60. *v* Magenhöhle.

Fig. 4. Ein fast kugeliger mundloser Stock, dessen gewundene Personen, dicht an einander liegend, einen solchen Knäuel bilden. Vergrösserung 20.

Fig. 5. Derselbe Stock (Fig. 4) im Längsschnitt. Man sieht in die Magenhöhlung mehrerer, theilweise durchschnittener Personen hinein. Vergrösserung 20.

Fig. 6. Ein fast kugeliger, birnförmiger, mundloser Stock mit sehr kleinen Personen, welche sehr dicht an einander liegend einen soliden Knäuel bilden. Die feinen Löcher der Oberfläche sind die Pseudoporen, welche in das Intercanal-System hineinführen. Vergrösserung 2.

Fig. 7. Ein birnförmiger mundloser Stock mit einer Pseudogaster und Pseudostom (*Pseudosoredia*). Die feinen Löcher der Oberfläche sind die Pseudoporen, welche in das Intercanal-System hineinführen. Die grosse Oeffnung oben ist das Pseudostom. Vergrösserung 2.

Fig. 8. Longitudinal-Schnitt durch die Längsaxe des mundlosen *Pseudosoredia*-Stockes Fig. 7. Die grosse centrale Höhle (*v*) ist die Pseudogaster, welche sich oben durch das Pseudostom (*o*) öffnet, und auf deren Innenfläche die Pseudogastral-Ostien (*f*) sichtbar sind, die Mündungen der verzweigten Intercanäle, welche centripetal sich erweiternd (*if*) die dicke Wand des Stockes durchsetzen. Vergrösserung 2.

Fig. 9. Longitudinal-Schnitt durch einen ähnlichen mundlosen Stock wie Fig. 7, *o* (Buchstaben wie in Fig. 8). Vergrösserung 2.

Fig. 10. Ein sehr grosser mundloser Stock mit einer einzigen Pseudogaster, welche sich oben durch ein Pseudostom öffnet. Vergrösserung 3.

Fig. 11. Ein sehr grosser gehirnähnlicher Stock (*Pseudotarrus*), welcher auf einem Algen-Zweig aufsitzt und aus zahlreichen gewundenen mundlosen Stöcken (*Auloplegma*) zusammengesetzt ist, deren jeder ein Pseudostom besitzt (*Pseudosoredia*). Natürliche Grösse.

Fig. 12. Ein einzelner *Pseudosoredia*-Stock mit Pseudostom (*o*), abgelöst von dem *Pseudotarrus*-Stock Fig. 11. *b* Pseudoporen. Vergrösserung 4.

Fig. 13. Längsschnitt durch den *Pseudosoredia*-Stock Fig. 12. *o* Pseudostom. In der Mitte der Pseudogaster-Höhle (*v*) ist der Querschnitt des Algen-Zweiges sichtbar, auf dem der Stock sitzt. Vergrösserung 4.

Fig. 14. Querschnitt durch eine einzelne [illegible] Person des Stockes Fig. 11, mit Entoderm. *v* Magenhöhle. *i* [illegible]. *g* [illegible]. *e* Exoderm. *d* [illegible] derselben. *g4* Spicula-Scheiden der Apical [illegible] der Vierstrahler. Vergr. 300.

Taf. 11

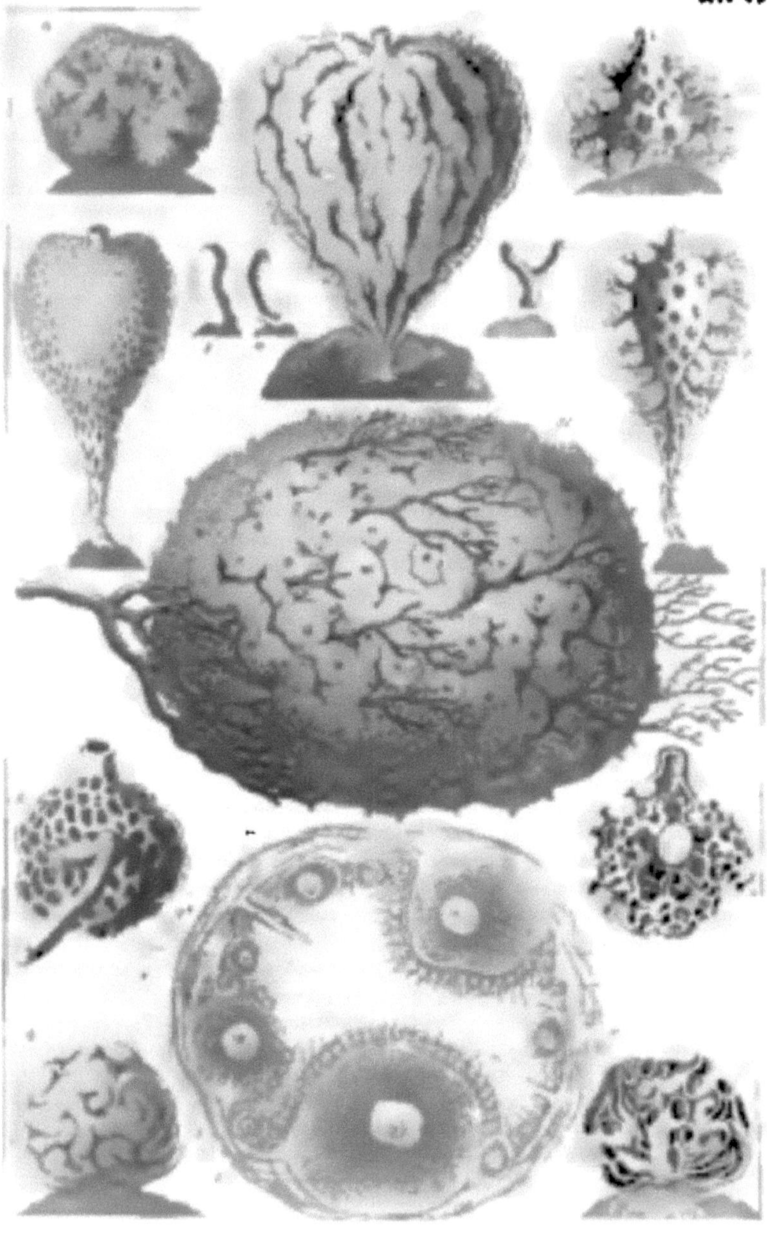

# Erklärung der Tafel 9.

## Familie: Ascones.

# Genus: Ascaltis.

### Species

A. canariensis. A. Darwinii. A. Lamarckii. A. Gegenbauri.
A. Goethei. A. botryoides.

### (Anatomie.)

# Tafel 9

**Fig 1—3. Ascaltis canariensis** (System p. 58)

Fig 1. *Auloplegma canariense*, ein neuförmiger, polyklonaler Stock, durch Concrescenz von vier grösseren und mehreren kleineren, dicht verzweigten Stöckchen entstanden. Die dicht stehenden kleinen Löcher der Oberfläche sind die Pseudoporen, welche in das enge Geflecht des Intercanal-Systems hineinführen. Ansicht von der aufsitzenden unteren Seite. Natürliche Grösse.

Fig 2. Querschnitt durch eine Person des Stockes (Fig. 1). e Magenhöhle. Das verdickte Entoderm (i) bildet konische Zotten oder Papillen, in deren Axe der Apical-Strahl (qd) der Vierstrahler verläuft. Zwischen je zwei Zotten ist die Magenwand von einem Lochcanal oder Poral-Tubus durchbohrt (p). Vergr. 400.

Fig 3. Längsschnitt durch eine Person des Stockes (*Fig* 1), mit Essigsäure behandelt. Zwischen den Zotten des Entoderms (i) sind die inneren Oeffnungen (m) der Lochcanäle (p) sichtbar. e Exoderm.

Fig 4. **Ascaltis Darwinii** (System p. 57.) Ein Stock, dessen zusammenhängende Personen und Personen-Gruppen die Formen verschiedener Genera des künstlichen Systems repräsentiren (*Ascometra*). Die Basis des Stockes bildet ein Flechtwerk von anastomosirenden Röhren (*Auloplegma*), aus welchem sich Repräsentanten von verschiedenen Gattungen erheben, nämlich unten verzweigte einzelne keulenförmige Personen ohne Mundöffnung (*Clistolynthus*), darüber einzelne röhrenförmige Personen mit Mund (*Olynthus*), in der Mitte spindelförmige Stöcke mit je einer Mundöffnung (*Nardorus*), sowie ebenfalls aus mehreren solchen Nardorus-Stöckchen zusammengesetzte Stöcke (*Tarrus*), endlich eine (in der Mitte) mehrere Stöckchen, deren Personen sämmtlich isolirte Mundöffnungen besitzen (*Soleniscus*). Vergr. 6.

Fig 5. **Ascaltis Lamarckii** (*System* p. 60). Ein fast kugeliger Stock ohne Mundöffnung (*Auloplegma*). Vergr. 4.

**Fig 6—8. Ascaltis Gegenbauri** (System p. 62)

Fig 6. *Tarrus Gegenbauri*. Ein Stock, dessen Personen sich gruppenweise durch gemeinsame, kragförmig erweiterte Mündungen öffnen. Vergr. 4.

Fig 7. Querschnitt durch die Basis einer Person des Stockes (Fig 6). e Exoderm. k Kerne des Syncytium. qd Apical-Schenkel der Vierstrahler. p Poral-Tubus. i Geisselzellen des Entoderm. s *Spermazellen*. g Eizellen. Vergr. 400.

Fig 8. Längsschnitt durch eine Person des Stockes Fig 6, mit Essigsäure behandelt. Buchstaben wie in *Fig* 7.

Fig 9. **Ascaltis Goethei** (*System* p. 64). Ein Stock ohne Mundöffnungen (*Auloplegma*), um einen Algenzweig herumgewachsen. Vergr. 4.

Fig 10. **Ascaltis botryoides** (*System* p. 64). Ein traubenförmiger Stock mit lauter nacktmündigen Personen (*Soleniscus*), auf einem Conferven-Zweig aufsitzend. Vergr. 4.

Taf. 9

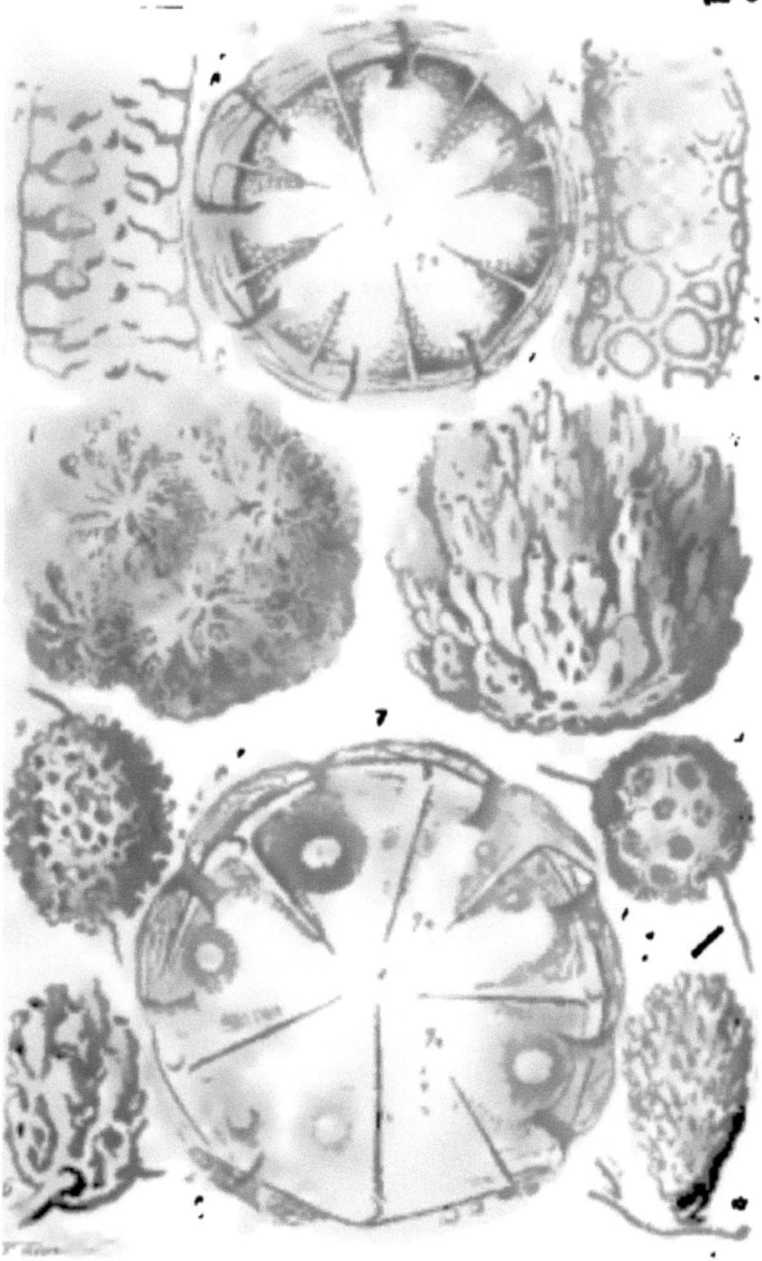

# Erklärung der Tafel 10.

## Familie: Ascones.

# Genus: Ascaltis.

Species.

A. canariensis. A. cerebrum. A. Darwinii. A. Lamarckii.
A. Gegenbauri. A. Goethei. A. botryoides.

(Spicula des Skelets.)

## Tafel 10

### Spicula des Genus Ascaltis

Alle Figuren sind 400mal vergrössert.

Fig 1 *Ascaltis canariensis* (System p 58) 1 a Ein Dreistrahler 1 b Ein Vierstrahler (Flächen Ansicht) 1 c Ein Vierstrahler (Profil-Ansicht der basale Strahl ist nach unten, die beiden lateralen divergirend nach oben, der apicale Strahl horizontal nach links gerichtet)

Fig 2 *Ascaltis cerebrum* (System p 64) 2 a Ein Dreistrahler 2 b Ein Vierstrahler (Flächen Ansicht) 2 c, 2 d Zwei Vierstrahler (Profil-Ansicht der basale Strahl ist nach unten, die beiden lateralen divergirend nach oben, der apicale Strahl horizontal nach links gerichtet)

Fig 3 *Ascaltis Darwinii* (System p 57) 3 a Ein Dreistrahler 3 b Ein Vierstrahler (Flächen Ansicht) 3 c Ein Vierstrahler (Profil-Ansicht Der basale Strahl ist nach unten, die beiden lateralen divergirend nach oben, der apicale Strahl horizontal nach rechts gerichtet)

Fig 4 *Ascaltis Lamarckii* (System p 60) 4 a bis 4 c Drei Dreistrahler 4 d Ein Vierstrahler (Flächen Ansicht). 4 e Ein Vierstrahler (Profil-Ansicht der basale Strahl ist nach oben, die beiden lateralen divergirend nach unten, der apicale Strahl horizontal nach links gerichtet)

Fig 5 *Ascaltis Gegenbauri* (System p 62) 5 a, 5 b Zwei Dreistrahler 5 c Ein Vierstrahler (Flächen Ansicht). Fig 5 d Ein Vierstrahler (Profil-Ansicht, wie Fig 3 c)

Fig 6 *Ascaltis Goethei* (System p 66) 6 a Ein Dreistrahler 6 b Ein Vierstrahler (Flächen Ansicht) 6 c, 6 d Zwei Vierstrahler (Profil-Ansicht, wie Fig 1 c und 2 c)

Fig 7 *Ascaltis botryoides* (System p 65) 7 a, 7 b Zwei Dreistrahler 7 c Ein Vierstrahler (Flächen Ansicht) 7 d, 7 e Zwei Vierstrahler (Profil-Ansicht, wie Fig 1 c und 2 c)

# Erklärung der Tafel II.

## Familie: Ascones.

# Genus: Ascortis.

Species:

A. horrida. A. lacunosa. A. Fabricii. A. corallorrhiza. A. fragilis.

(Anatomie.)

## Tafel 11.

Fig. 1. **Ascetta horrida** (System p. 69). Ein Stock mit einer einzigen, rüsselförmigen Mundöffnung (*Nardopsis*). Vergr. 8.

Fig. 2. **Ascetta [illegible]** (System p. 70). Ein Stock mit einer einzigen, nackten Mundöffnung (*Nardorus*). Vergr. 4.

Fig. 3. **Ascetta Fabricii** (System p. 71). Ein Stock mit lauter rüsselförmigen Personen (*Soleniscus*). Vergr. 8.

Fig. 4. **Ascetta coralliorrhiza** (System p. 73). Ein Stock ohne Mundöffnungen (*Auloplegma*). Vergr. 4.

Fig. 5—9. **Ascetta fragilis** (System p. 74).

Fig. 5. Ein kriechender Stock, aus dessen Wurzelgeflecht sich lauter nacktmündige Personen erheben (*Aulorrhiza fragilis*). Vergr. 4.

Fig. 6. Eine einzelne Person mit nackter Mundöffnung (o) und mit geschlossenen Hautporen (*Prosycum fragile*). Der Kalk der Spicula ist durch Essigsäure entfernt, und aus der vorderen Körperwand ist links ein Stück ausgeschnitten, um die freie Einsicht in die Magenhöhle (g) zu öffnen. e Exoderm. d *Kerne des Syncytium*. i Entoderm. g Eizellen. Vergr. 100.

Fig. 7. Eine einzelne Person mit nackter Mundöffnung (o) und mit geöffneten Hautporen (p) *Olynthus fragilis*. Der Kalk der Spicula ist durch Essigsäure entfernt, und aus der vorderen Körperwand ist links ein Stück ausgeschnitten. Buchstaben wie in Fig. 6. Vergr. 100.

Fig. 8, 9. Querschnitt durch eine Person von *Ascetta fragilis*. In der linken Hälfte (Fig. 8) sind die Lochcanäle (Poral-Tuben) oder Hautporen geschlossen (*Prosycum*), in der rechten Hälfte (Fig. 9) sind sie geöffnet (*Olynthus*). e Exoderm. d *Kerne des Syncytium*. s Stabnadeln. t Dreistrahler. p Hautporen. c Geisselzellen des Entoderms. s *Spermazellen*. g Eizellen. Vergr. 400.

Taf. II

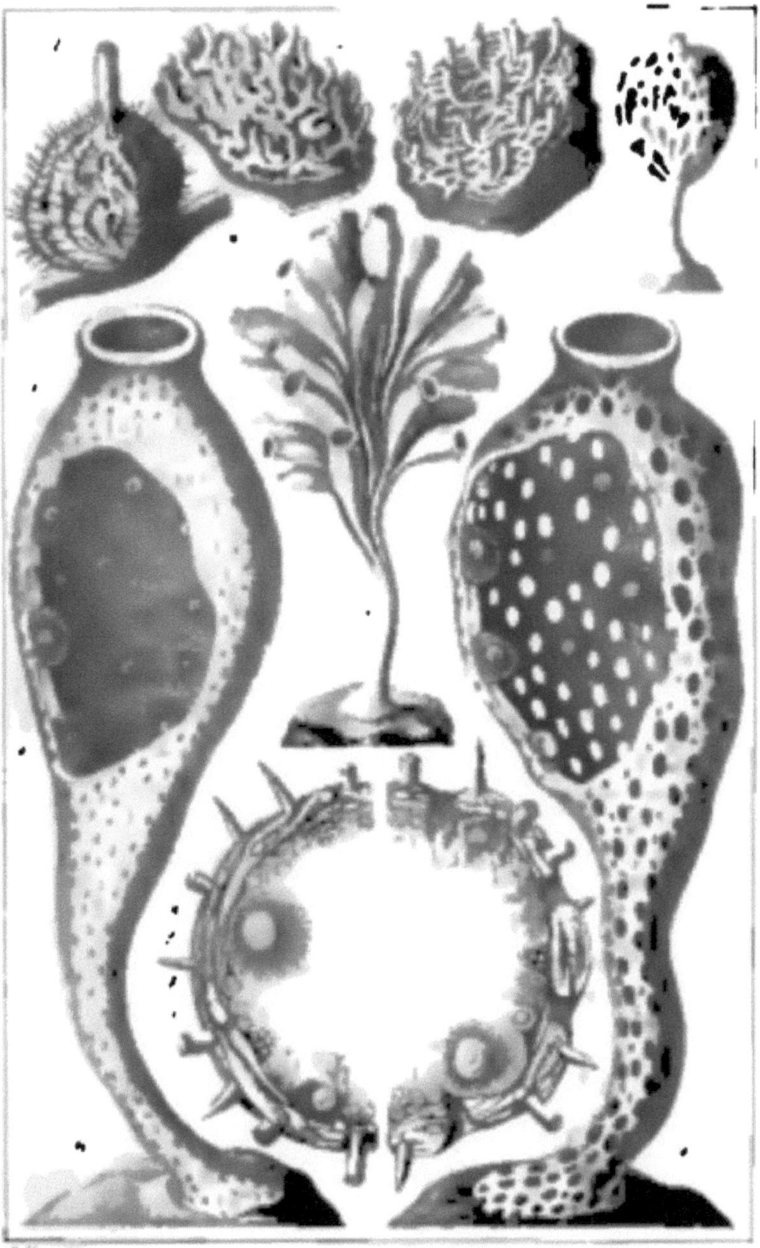

# Erklärung der Tafel 12.

## Familie: Asconea.

# Genus: Ascortis.

Species:

A. horrida. A. lacunosa. A. Fabricii. A. corallorrhiza. A. fragilis.

(Spicula des Skelets.)

## Tafel 13

### Species des Genus Ascortis.

Alle Figuren sind 400mal vergrössert.

Fig. 1. **Ascortis lacunosa** (System p. 69). 1a bis 1g Sieben Dreistrahler (1a bis 1e fünf junge Entwickelungsformen, 1f, 1g zwei ausgebildete Spicula). 1h Eine Stabnadel (unterhalb der Mitte, bei x, ist das cylindrische Mittelstück herausgeschnitten, da die Figur doppelt so lang als die Tafel war).

Fig. 2. **Ascortis horrida** (System p. 70). 2a bis 2c Drei junge Entwickelungsformen von Dreistrahlern. 2d, 2e Zwei ausgebildete Dreistrahler. 2f, 2g Zwei Dreistrahler mit hypertrophischem Basalstrahl, aus dem Rande des Mundes. 2h Eine Stabnadel.

Fig. 3. **Ascortis Fabricii** (System p. 71). 3a bis 3e Fünf junge Entwickelungsformen von Dreistrahlern. 3f, 3g Zwei ausgebildete Dreistrahler. 3h, 3i Zwei Stabnadeln.

Fig. 4. **Ascortis corallorrhiza** (System p. 73). 4a bis 4e Fünf junge Entwickelungsformen von Dreistrahlern. 4f, 4g Zwei ausgebildete Dreistrahler. 4h, 4i Zwei Stabnadeln.

Fig. 5. **Ascortis fragilis** (System p. 74). 5a bis 5d Vier junge Entwickelungsformen von Dreistrahlern. 5e bis 5g Drei ausgebildete Dreistrahler. 5h, 5i Zwei Stabnadeln.

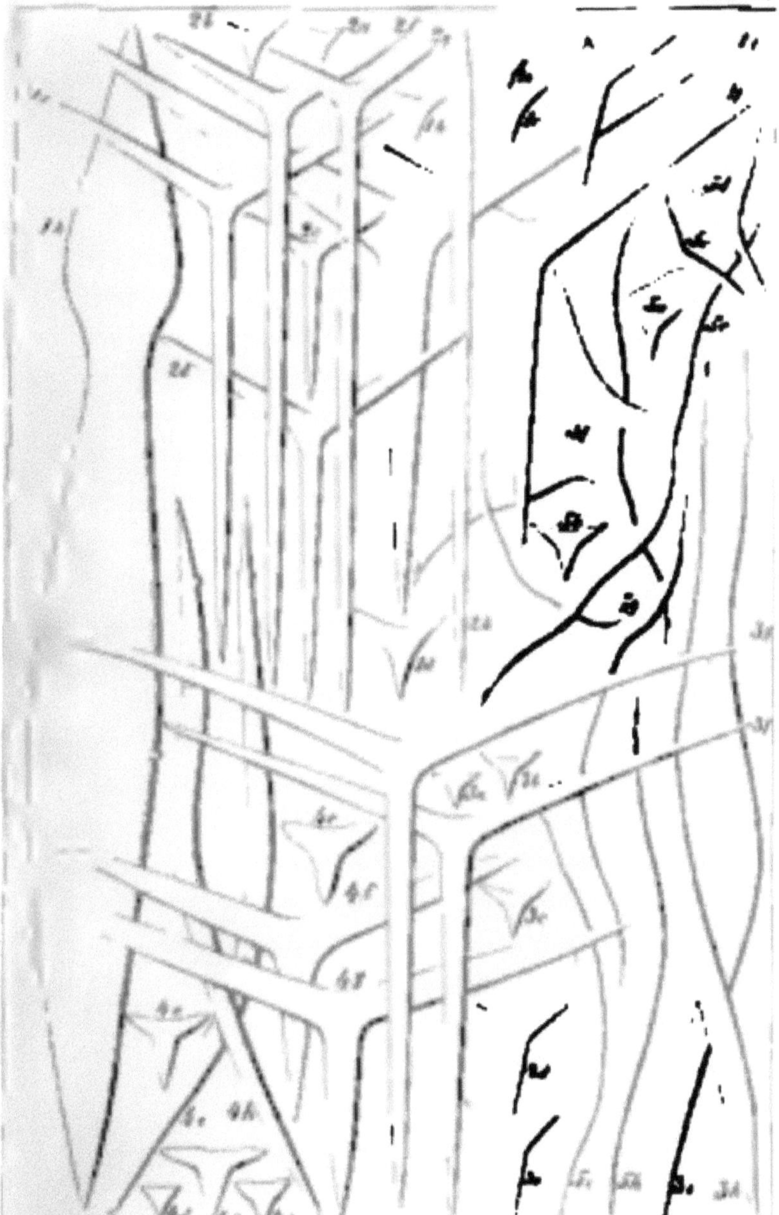

# Erklärung der Tafel 13.

## Familie: Ascones.

# Genus: Asculmis.

### Species.

**Asculmis armata**

**(Anatomie und Ontogenie.)**

## Tafel 13

### Asculmis armata (System p. 77)

Fig 1. Eine einzelne Person mit nackter Mundöffnung (Olynthus armatus). Aus der Magenwand ist links ein Stück bis zum Mundrand herausgeschnitten, um in die mit Embryonen (b) gefüllte Magenhöhle (v) hineinzusehen. Links sieht man den Längsschnitt der Magenwand, die von den (in den Magen vorspringenden) Apical-Strahlen der Vierstrahler durchbohrt wird. o Mund. e Exoderm. i Entoderm. Vergr. 80.

Fig 2. Ein Stück von einer anderen Person. Aus der Magenwand ist rechts ein Stück herausgeschnitten, um in die Magenhöhle hineinzusehen. Im Entoderm (i) liegen viele Eier (g), in Furchung begriffen. g 2 Zweitheilung. g 4 Viertheilung. Bei g 8 ist ein Ei in 8, bei g 16 in 16 Zellen (Furchungskugeln) zerfallen. e Exoderm mit vielen Kernen (d). p Poral-Tuben. s Stabnadeln. q 1 Basalstrahl. q 2, q 3 Lateralstrahlen. q 4 Apical-Strahl der Vierstrahler. Vergr. 400.

Fig 3. Ein Stückchen Magenwand im Querschnitt, mit Essigsäure behandelt. e Exoderm mit seinen Kernen (d). i Vier Geisselzellen des Entoderm, davon drei mit einer contractilen Vacuole neben dem Kern, alle mit Kragen. Vergr. 1000.

Fig 4. Ein Stückchen Magenwand von der schwärmenden Larve, Fig 5, 6 (Gastrula), im Querschnitt, mit Carmin und Essigsäure behandelt. i Zwei [illegible] Zellen des Entoderm. e Neun cylindrische Geisselzellen des Exoderm, mit deren Kernen (d). Vergr. 1000.

Fig 5. Eine schwärmende Larve (Gastrula). Oben ist die Mundöffnung, von acht runden Entoderm-Zellen umgeben. Vergr. 400.

Fig 6. Dieselbe schwärmende Larve (Fig 5), im optischen Längsschnitt gesehen. o Mund. g Magen. i Entoderm. e Exoderm. Vergr. 400.

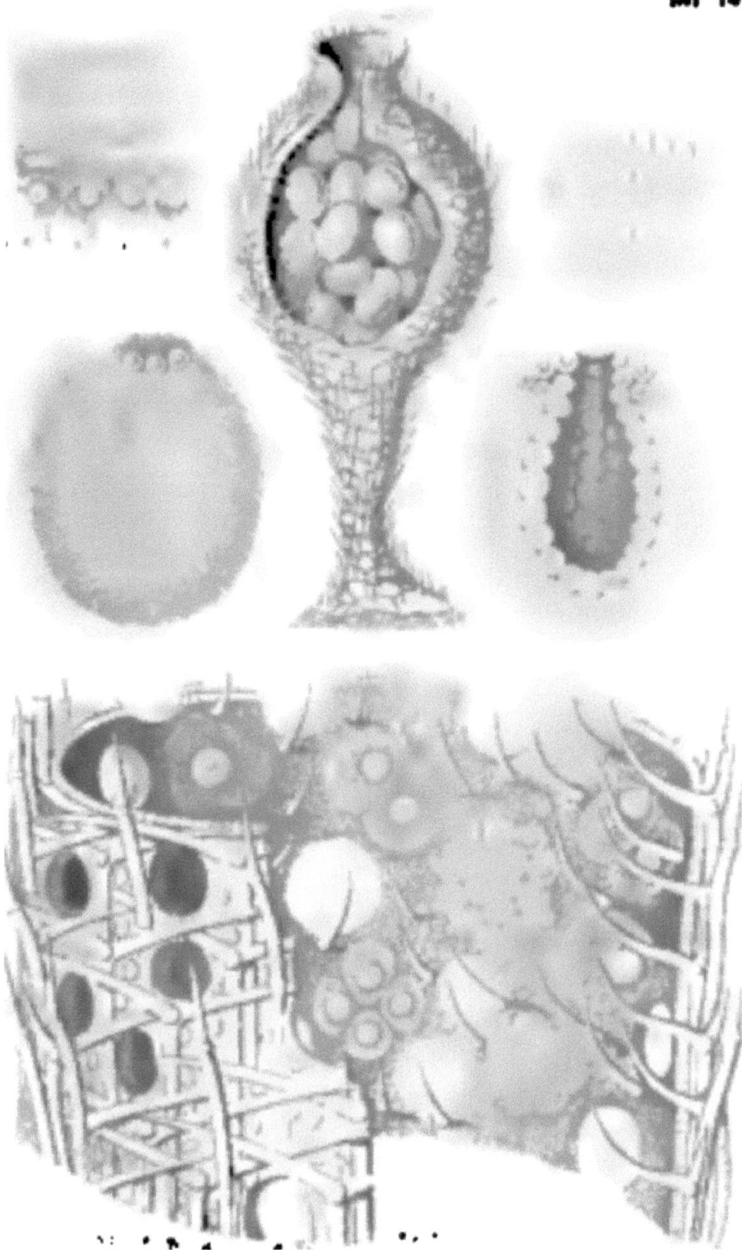

# Erklärung der Tafel 14.

## Familie: Asconen.

# Genus: Ascandra.

Species

A. cordata. A. densa. A. pinus. A. reticulum. A. falcata.
A. contorta.

(Spicula des Skelets.)

## Tafel 14.

### Spicula des Genus Ascandra.

Alle Figuren sind [illegible] mal vergrössert.

Fig. 1. **Ascandra cordata** (System p. [illegible]). 1 *a*. Ein Dreistrahler. 1 *b*. Ein Vierstrahler (Flächen-Ansicht). 1 *c*. Eine Stabnadel.

Fig. 2. **Ascandra densa** (System p. 45). 2 *a*. Ein Dreistrahler. 2 *b*. Ein Vierstrahler (Ansicht in der Axe des verkürzten Basal-Strahls, senkrecht auf den beiden Lateral-Strahlen; geht nach oben der dünnere Apical-Strahl ab). 2 *c*. Eine Stabnadel.

Fig. 3. **Ascandra pinus** (System p. [illegible]). 3 *a*. Ein ausgebildeter Dreistrahler. 3 *b*, 3 *c*, 3 *d*. Drei verschiedene Entwickelungsstufen von jüngeren Dreistrahlern. 3 *e*. Ein Vierstrahler (Flächen-Ansicht). 3 *f*. Eine Stabnadel.

Fig. 4. **Ascandra reticulum** (System p. [illegible]). 4 *a*. Ein Dreistrahler. 4 *b*. Ein Vierstrahler (Flächen-Ansicht). 4 *c*. Ein Vierstrahler (Basal-Ansicht, wie Fig. 2 *b*). 4 *d*, 4 *e*, 4 *f*. Drei Stabnadeln.

Fig. 5. **Ascandra falcata** (System p. [illegible]). 5 *a*. Ein Dreistrahler. 5 *b*, 5 *c*, 5 *d*. Drei Entwickelungsformen von jüngeren Dreistrahlern. 5 *e*. Ein Vierstrahler (Flächen-Ansicht, der Apical-Strahl verkürzt in der Ansicht). 5 *f*, 5 *g*, 5 *h*. Drei Stabnadeln.

Fig. 6. **Ascandra contorta** (System p. [illegible]). 6 *a*. Ein Dreistrahler. 6 *b*. Ein Vierstrahler (Flächen-Ansicht). 6 *c*. Ein Vierstrahler (Profil-Ansicht, der basale Strahl ist nach unten, die beiden lateralen nach oben, der apicale Strahl nach links gerichtet).

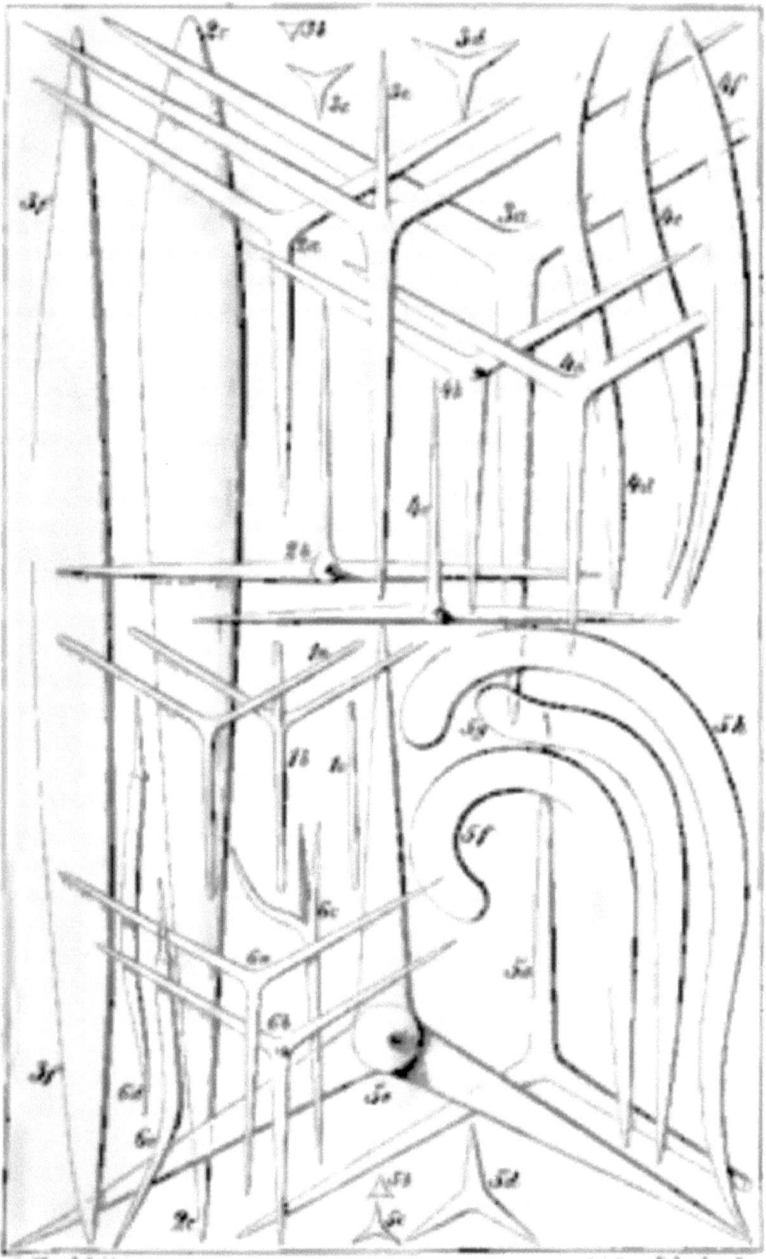

# Erklärung der Tafel 13.

## Familie: Ascones.

# Genus: Ascandra.

Species

A. complicata. A. Lieberkühnii. A. echinoides. A. sertularia.

(Spicula des Skelets.)

## Tafel 15

### Spicula des Genus Ascandra.

Alle Figuren sind 400mal vergrössert.

Fig 1. **Ascandra complicata** (System p 25). 1a, 1b Zwei Dreistrahler. 1c, 1d Zwei Vierstrahler (Flächen Ansicht). 1e Ein Vierstrahler (Profil Ansicht, der basale Strahl nach rechts, die beiden lateralen nach links, der apicale nach oben gerichtet). 1f Ein Vierstrahler (Basal Ansicht, der basale Strahl in der Augenaxe, der apicale nach oben, die beiden lateralen nach rechts und links gerichtet). 1g bis 1k Vier Stabnadeln.

Fig 2. **Ascandra Lieberkühnii** (System p 97). 2a bis 2d Vier ausgebildete Dreistrahler. 2e bis 2g Drei Entwickelungsformen von jüngeren Dreistrahlern. 2h, 2i Zwei Vierstrahler (Flächen Ansicht). 2k Ein Vierstrahler (Profil Ansicht, wie Fig 1e). 2l bis 2n drei jüngere Entwickelungs-Formen von Vierstrahlern. 2o bis 2q Drei Stabnadeln.

Fig 3. **Ascandra echinoides** (System p 99). 3a Ein Dreistrahler. 3b Ein Vierstrahler (Flächen Ansicht). 3c Ein Vierstrahler (Profil Ansicht, wie Fig 1e). 3d, 3e Zwei Stabnadeln mit gerade aufgesetzter Lanzenspitze (3d von der breiten, 3e von der schmalen Seite). 3f, 3g Zwei Stabnadeln mit zurückgekrümmter Lanzenspitze (3f von der breiten, 3g von der schmalen Seite).

Fig 4. **Ascandra sertularia** (System p 100). 4a Ein Dreistrahler. 4b, 4c Zwei Vierstrahler (Flächen Ansicht). 4d Ein Vierstrahler (Profil Ansicht, wie Fig 1e). 4e Eine Stabnadel, die Lanzenspitze von der breiten Seite gesehen. 4f der apicale Theil einer Stabnadel, die Lanzenspitze von der schmalen Seite gesehen.

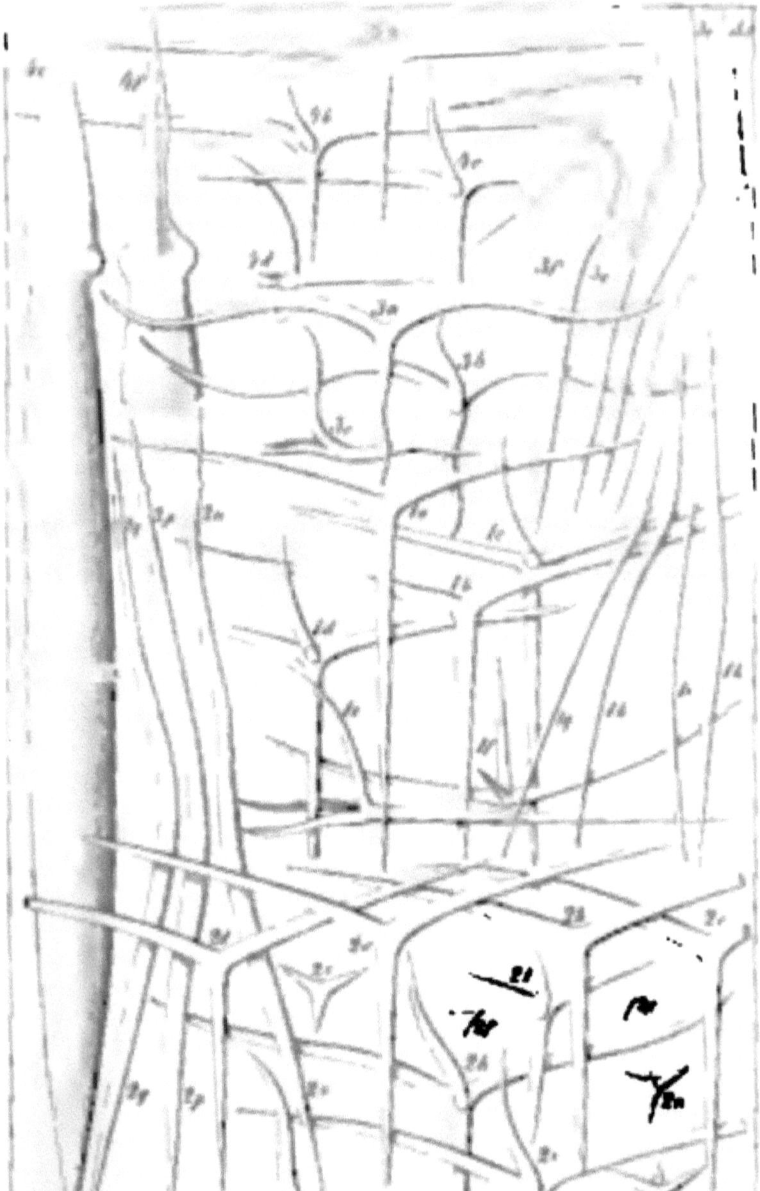

# Erklärung der Tafel 16.

## Familie: Ascones.

# Genus: Ascandra.

**Species:**

A. botrys, A. nitida, A. pinus, A. variabilis.

**(Spicula des Skelets.)**

## Tafel 16.

### Spicula des Genus Ascandra.

Alle Figuren sind 400mal vergrössert.

Fig. 1. **Ascandra botrys** (System p. 101). 1 a, 1 b, 1 c Drei Dreistrahler. 1 d Ein Vierstrahler (Flächen-Ansicht). 1 e Ein Vierstrahler (Profil-Ansicht, der basale Strahl ist horizontal nach rechts, die beiden lateralen abwärts nach links, der apicale nach oben gerichtet). 1 f Eine Gruppe von Stabnadeln.

Fig. 2. **Ascandra nitida** (System p. 103). 2 a bis 2 d Vier Dreistrahler. 2 e Ein Vierstrahler (Facial-Ansicht). 2 f Ein Vierstrahler (Profil-Ansicht, wie Fig. 1 e). 2 g Eine Gruppe von Stabnadeln.

Fig. 3. **Ascandra pinus** (System p. 106). 3 a, 3 b Zwei Dreistrahler. 3 c, 3 d, 3 e Drei Vierstrahler (Flächen-Ansicht). 3 f Ein Vierstrahler (Profil-Ansicht, wie Fig. 1 e). 3 g Eine Gruppe von kleinen Stabnadeln aus dem Stäbchen-Filz. 3 h, 3 i Zwei grosse Stabnadeln mit Lanzenspitze.

Fig. 4. **Ascandra variabilis** (System p. 106). 4 a, 4 b, 4 c Drei Dreistrahler. 4 d, 4 e, 4 f Drei Vierstrahler (Flächen-Ansicht). 4 g Ein Vierstrahler (Profil-Ansicht, wie Fig. 1 e). 4 h Eine Gruppe von kleinen Stabnadeln aus dem Stäbchen-Filz. 4 i, 4 k, 4 l Drei grosse Stabnadeln mit Lanzenspitze (4 i von der schmalen, 4 k und 4 l von der breiten Seite der Spitze).

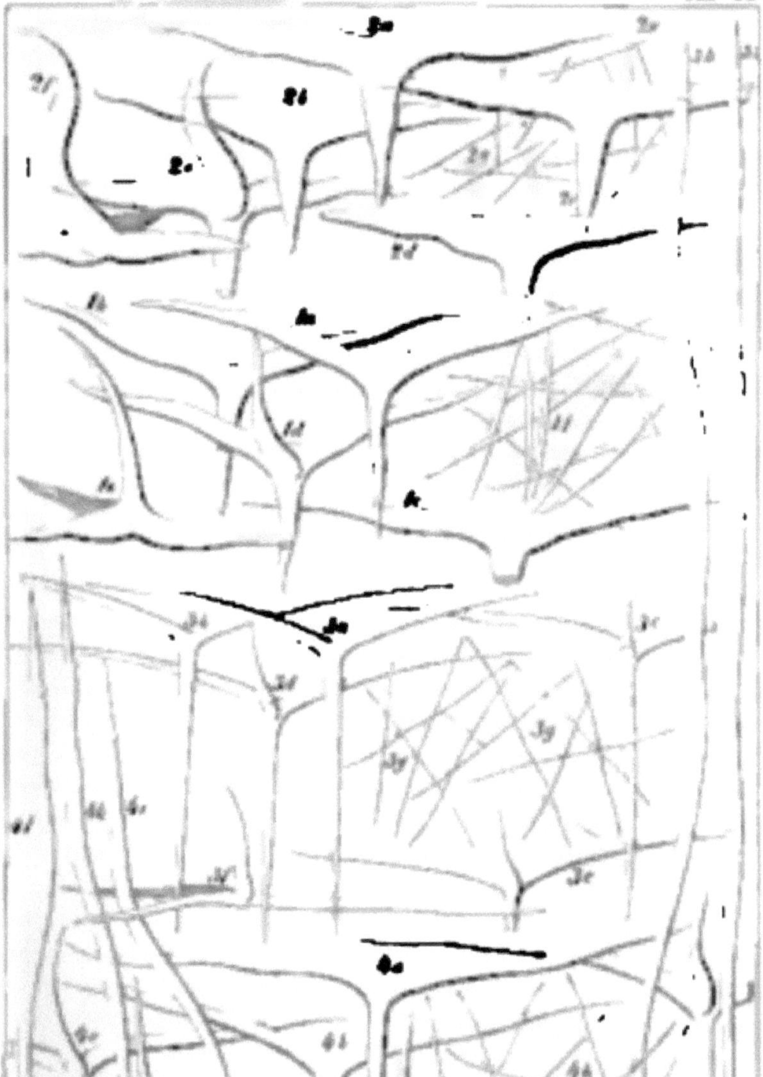

## Erklärung der Tafel 17.

### Familie: Ascones.

# Genus: Ascandra.

Species.

A. echinoides  A. cordata  A. nitida  A. sertularia  A. densa
A. falcata  A. pinus

(Repräsentanten aller Ascon-Genera des künstlichen Systems.)

# Tafel 17.

Fig. 1, 4. Ascandra echinoides (System p. 99).
Fig. 2, 6. Ascandra cordata (System p. [illegible]).
Fig. 3, 7, 10, 13. Ascandra nitida (System p. 103).
Fig. 8. Ascandra contorta (System p. 100).
Fig. 9, 12. Ascandra densa (System p. [illegible]).
Fig. 5, 11, 15. Ascandra falcata (System p. [illegible]).
Fig. 14. Ascandra pinus (System p. 96).

} Species-Benennungen des natürlichen Systems.

---

Fig. 1. Olynthus echinoides. Eine solitäre Person mit nackter Mundöffnung. Vergr. 4.

Fig. 2. Olynthella cordata. Eine solitäre Person mit rüsselförmiger Mundöffnung. Vergrösserung 4.

Fig. 3. Olynthium nitidum. Eine solitäre Person mit bekränzter Mundöffnung. Vergr. 8.

Fig. 4. Clistolynthus echinoides. Eine solitäre Person ohne Mundöffnung. Vergr. 4.

Fig. 5. Soleniscus falcatus. Ein Stock mit lauter nacktmündigen Personen. Vergr. 4.

Fig. 6. Solenula cordata. Ein Stock mit lauter rüsselmündigen Personen. Vergr. 4.

Fig. 7. Soleniscium nitidum. Ein Stock mit lauter kranzmündigen Personen. Vergr. 4.

Fig. 8. Nardorus contortus. Ein Stock mit einer einzigen nackten Mundöffnung. Vergr. 8.

Fig. 9. Nardopsis densa. Ein Stock mit einer einzigen rüsselförmigen Mundöffnung. Vergrösserung 4.

Fig. 10. Nardoma nitidum. Ein Stock mit einer einzigen bekränzten Mundöffnung. Vergrösserung 4.

Fig. 11. Tarrus falcatus. Ein Stock, dessen Personen sich gruppenweise durch gemeinsame nackte Mündungen öffnen. Vergr. 2.

Fig. 12. Tarropsis densa. Ein Stock, dessen Personen sich gruppenweise durch gemeinsame rüsselförmige Mündungen öffnen. Vergr. 4.

Fig. 13. Tarroma nitidum. Ein Stock, dessen Personen sich gruppenweise durch gemeinsame, bekränzte Mündungen öffnen. Vergr. 4.

Fig. 14. Auloplegma pinus. Ein Stock ohne Mundöffnungen. Natürliche Grösse.

Fig. 15. Ascometra falcata. Ein Stock, dessen verschiedene Personen und Personen-Gruppen verschiedene Genera des künstlichen Systems repräsentiren (unten Auloplegma, links Olynthus, oben Soleniscus, in der Mitte Tarrus und rechts Nardorus). Vergr. 2.

# Erklärung der Tafel 18.

### Familie: Ascones.

## Genus: Ascandra.

Species.

**Ascandra variabilis.**

**(Polymorphose.)**

## Tafel 16

## Ascandra variabilis (System p. 106)

Taf. 16 stellt eine Auswahl der äusserst verschiedenartigen und mannichfaltigen Formen dar, welche diese höchst veränderliche Species an einem und demselben Standorte bildet. Alle auf dieser Tafel abgebildeten Formen sind von mir selbst in der [illegible] bei [illegible] auf der norwegischen Insel Gis-Oe gesammelt, sie stellen nur eine kleine Auswahl aus dem Formenreichthum dar, der dort zu finden ist. Alle Figuren sind [illegible] vergrössert.

Fig. 1. Olynthus variabilis. Vier solitäre, nacktmündige Personen, auf einem Conferven-Faden (einem Aste von Cladophora rupestris) sitzend.

Fig. 2. Olynthium variabile. Drei solitäre Personen mit bekränzter Mundöffnung, auf einem Steine sitzend.

Fig. 3. Clistolynthus variabilis. Drei mundlose Personen, auf einem Steine sitzend.

Fig. 4—8. Soleniscus variabilis. Stöcke mit lauter nacktmündigen Personen (vergl. p. 110).

Fig. 4. Drei Stöcke mit je zwei Personen auf einem verzweigten Cladophora-Aste.

Fig. 5. Drei Stöcke mit mehreren Personen auf einem Cladophora-Aste.

Fig. 6. Ein vielästiger Soleniscus-Stock auf einem Cladophora-Büschel.

Fig. 7. Ein vielästiger Soleniscus-Stock auf einem [illegible]-Aste.

Fig. 8. Ein Soleniscus-Stock mit rankenförmigen Aesten auf einem [illegible]-Busche.

Fig. 9. Ascometra variabilis. Ein polymorpher Stock mit bandförmig plattgedrückten Aesten, auf der Schale einer lebenden Lima hians, der grösste Theil des Stockes besteht aus nacktmündigen Personen (Soleniscus), ein Theil aber auch aus einzelnen Personen-Gruppen (Tarrus) und ein anderer Theil aus einem mundlosen Röhrengeflecht (Auloplegma).

Fig. 10. Solenidium variabile. Ein Stock mit sechs kranzmündigen Personen, auf einem Steine sitzend.

Fig. 11. Tarrus variabilis. Ein Stock, dessen Personen sich gruppenweise durch gemeinsame nackte Mündungen öffnen (von einem [illegible]).

Fig. 12. Nardorus variabilis. Ein Stock mit einer einzigen gemeinsamen nackten Mundöffnung (von einem Felsstücke).

Fig. 13—15. Auloplegma variabile. Drei Stöcke ohne Mundöffnungen.

Fig. 13. Ein Auloplegma-Stock mit hakenförmigen Aesten (von einem Steine).

Fig. 14. Ein Auloplegma-Stock mit rankenförmigen Aesten (von einer Conferve).

Fig. 15. Ein polsterförmiger Auloplegma-Stock (von einem Steine).

Taf. 18.

# Erklärung der Tafel 19.

## Familie: Ascones.

# Genus: Ascandra.

Species:

Ascandra pinus.

(Soleniscus-Form.)

## Tafel 19

### Ascandra pinus (System p. 105)

Der reichverzweigte Stock von *Ascandra pinus*, von der Küste der Normandie, welcher auf dieser Tafel in zehnfacher Vergrösserung dargestellt ist, besteht aus lauter nacktmündigen Personen, und ist daher im künstlichen Systeme als *Soleniscus pinus* zu bezeichnen. Die kleineren und grösseren Aestchen oder Personen, welche ziemlich dicht und regelmässig theils in Quirlen, theils in Spiralen um die Hauptzweige und um den centralen Stamm vertheilt sind, bilden nirgends Anastomosen und Verwachsungen, sondern bleiben frei und enden mit nackter Mundöffnung. Der Umriss des ganzen Stockes ist pyramidal konisch. Unten sitzt der breite Stamm mit einer wurzelartig ausgebreiteten Platte auf

Taf. [illegible]

# Erklärung der Tafel 20.

Familie: Ascones.

## Genus: Ascandra.

Species:

*Ascandra reticulum.*

(Schema des Gastrocanal-Systems und des Intercanal-Systems der Asconen bei den polymorphen Formen einer Species.)

## Tafel 20

# Canal-System der Asconen.

Schematische Darstellung der verschiedenen Verhältnisse des Gefässsystems bei den Asconen. Sämmtliche Figuren stellen bei schwacher Vergrösserung verschiedene polymorphe Formen (generische Varietäten) einer einzigen Art dar:

### Ascandra reticulum (System p. 87)

Fig. 5, 9, 13, 14, 16 sind Querschnitte, die übrigen Figuren Längsschnitte. Das Exoderm ist durch blaue, das Entoderm durch rothe, die Hohlräume des Gastrovascular-Systems durch schwarze Farbe bezeichnet. Die Hohlräume des Intercanal-Systems sind weiss.

Fig. 1. Flimmernde Larve ohne Mundöffnung (*Planula*) im Längsschnitt.

Fig. 2. Flimmernde Larve mit Mundöffnung (*Gastrula*) im Längsschnitt.

Fig. 3. Erstes Stadium des festsitzenden jungen Ascon (*Olynthus*) im Längsschnitt.

Fig. 4. Eine solitäre Person ohne Mundöffnung (*Clistolynthus*) im Längsschnitt.

Fig. 5. Querschnitt durch die solitäre Person, Fig. 3 oder 4.

Fig. 6—10. Ascon-Stöcke mit lauter vollständigen Personen (*Soleniscus*).

Fig. 6. Ein Soleniscus-Stock mit zwei Personen, durch Längstheilung entstanden.

Fig. 7. Ein Soleniscus-Stock mit zwei Personen, durch laterale Knospung entstanden.

Fig. 8. Ein Soleniscus-Stock mit zwei Personen, durch Concrescenz entstanden.

Fig. 9. Querschnitt durch Fig. 8 (ebenso auch durch Fig. 6 oder Fig. 11).

Fig. 10. Ein Soleniscus-Stock mit zahlreichen Personen, durch laterale Knospung entstanden.

Fig. 11—14. Ascon-Stöcke mit einer einzigen gemeinsamen nackten Mundöffnung (*Nardorus*).

Fig. 11. Ein Nardorus-Stock mit zwei Personen, durch Concrescenz entstanden.

Fig. 12. Ein Nardorus-Stock von der gewöhnlichen Baumform, mit zahlreichen Personen, eine centrale Person mit bauchig erweiterter Magenhöhle.

Fig. 13. Querschnitt durch den Nardorus-Stock, Fig. 12.

Fig. 14. Querschnitt durch einen Nardorus-Stock, welcher durch secundäre Concrescenz aus drei primär getrennten Stöcken von der Form der Fig. 12 entstanden ist.

Fig. 15—20. Ascon-Stöcke ohne Mundöffnungen (*Auloplegma*).

Fig. 15. Ein birnförmiger Auloplegma-Stock mit Pseudogaster und Pseudostom (*Pseudo-nardus*), welcher annähernd die gewöhnliche Baumform des *Nardorus* (Fig. 12) nachahmt.

Fig. 16. Querschnitt durch den Auloplegma-Stock, Fig. 15.

Fig. 17. Ein fast kugeliger Auloplegma-Stock mit Pseudogaster und Pseudostom (*Pseudo-nardus*), dessen Pseudostom röhrenförmig verlängert ist.

Fig. 18. Ein fast kugeliger Auloplegma-Stock, entstanden durch Concrescenz mehrerer birnförmiger Auloplegma-Stöcke.

Fig. 19. Ein netzförmiger Auloplegma-Stock, dessen Aeste in einer Ebene liegen.

Fig. 20. Ein polsterförmiger Auloplegma-Stock, dessen Aeste in mehreren Ebenen liegen.

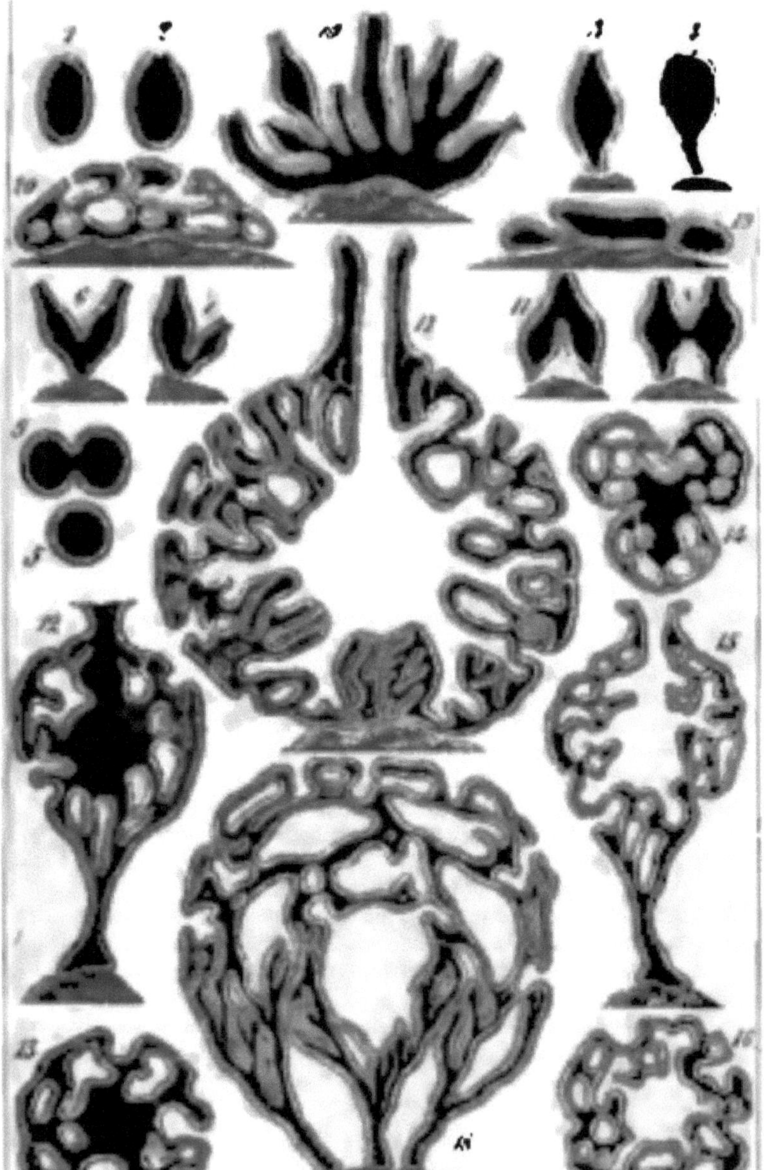

# Erklärung der Tafel 21.

## Familie: Leucones.

# Genus: Leucetta.

### Species:

### Leucetta primigenia

### (Polymorphose und Anatomie.)

## Tafel 21

## Leucetta primigenia (System p. 118)

Fig. 1 bis 6 und 10 bis 15 sind in natürlicher Grösse abgebildet; Fig. 7 und 8 sind 5mal, Fig. 16 ist 60mal, Fig. 9 und 17 sind 300mal vergrössert.

Fig. 1—9. **Leucetta isoraphis** (Varietät von *Leucetta primigenia*, deren Dreistrahler sämmtlich von gleicher Grösse (mittelklein) sind).

Fig. 1. **Dyssycus primigenius** (Var. *isoraphis*). Eine solitäre Person mit nackter Mundöffnung.

Fig. 2. **Lipostomella primigenia** (Var. *isoraphis*). Eine solitäre Person ohne Mundöffnung.

Fig. 3. **Artynas primigenius** (Var. *isoraphis*). Ein Stock mit mehreren ebenbürtigen Personen-Gruppen.

Fig. 4. **Coenostomus primigenius** (Var. *isoraphis*). Ein Stock mit einer einzigen gemeinsamen nackten Mundöffnung.

Fig. 5. **Leucometra primigenia** (Var. *isoraphis*). Ein Stock, dessen constituirende Personen-Gruppen theils nacktmündig, theils gruppenmündig, theils mundlos sind.

Fig. 6. **Aphroceras primigenium** (Var. *isoraphis*). Ein Stock ohne Mundöffnungen.

Fig. 7. Querschnitt durch die nacktmündige Person (Fig. 1, *Dyssycus*). Vergr. 5.

Fig. 8. Ein Stückchen eines Längsschnittes durch die nacktmündige Person (Fig. 1, *Dyssycus*). Vergr. 5.

Fig. 9. Drei mittelkleine Dreistrahler der Varietät *isoraphis*. Vergr. 300.

Fig. 10—17. **Leucetta macroraphis** (Varietät von *Leucetta primigenia*, deren Dreistrahler grösstentheils mittelklein, aber überall gemischt mit einzelnen colossalen Dreistrahlern sind).

Fig. 10. **Dyssycus primigenius** (Var. *macroraphis*). Eine solitäre Person mit nackter Mundöffnung.

Fig. 11. Dieselbe Person im Längsschnitt.

Fig. 12. **Lipostomella primigenia** (Var. *macroraphis*). Eine solitäre Person ohne Mundöffnung, im Längsschnitt.

Fig. 13. **Lipostomella primigenia** (Var. *macroraphis*). Eine solitäre Person ohne Mundöffnung, ganz massiv, mit obliterirter Magenhöhle, im Längsschnitt.

Fig. 14. **Amphoriscus primigenius** (Var. *macroraphis*). Ein Stock mit zwei nacktmündigen Personen, im Längsschnitt.

Fig. 15. **Aphroceras primigenium** (Var. *macroraphis*). Ein Stock mit zwei Personen, ohne Mundöffnung, im Längsschnitt.

Fig. 16. Ein colossaler Dreistrahler der Varietät *macroraphis*. Vergr. 60.

Fig. 17. Fünf mittelkleine Dreistrahler der Varietät *macroraphis*. Vergr. 300.

# Erklärung der Tafel 22.

## Familie: Leuconea

## Genus: Leucetta.

Species

L. trigona. L. sagittata. L. pandora. L. corticata.

(Anatomie.)

## Tafel 22.

Fig. 1. **Leucetta trigona** (*System* p. 122). Ein Stock aus zwei zusammengewachsenen Personen (*Amphoriscus trigonus*). Die rechte Person ist durch einen Längsschnitt geöffnet, um die Magenhöhle zu zeigen. Vergr. 2.

Fig. 1a bis 1f. Reguläre Dreistrahler von *Leucetta trigona* (1a grösste, 1f kleinste Form). Vergr. 100.

Fig. 2. **Leucetta sagittata** (*System* p. 123). Ein Stock, dessen Personen sich gruppenweise durch gemeinsame nackte Mündungen öffnen (*Artynas sagittatus*). Natürliche Grösse.

Fig. 2a bis 2e. *Sagittale* Dreistrahler von *Leucetta sagittata*. 2a Grosser Dreistrahler der Dermalfläche. 2b, 2c, 2d Mittelgrosse Dreistrahler des Wand-Parenchyms. 2e Mittelkleiner Dreistrahler der Gastralfläche. Vergr. 100.

Fig. 3. **Leucetta pandora** (*System* p. 127).

Fig. 3a bis 3c. Eine einzelne Person mit nackter Mundöffnung (*Sycurus pandora*).

Fig. 3a. Längsschnitt durch die Varietät *simplex* (mit einfacher Magenhöhle (v)). Vergr. 2.

Fig. 3b. Längsschnitt durch die Varietät *loculifera* (mit fächeriger Magenhöhle (vv)). Vergr. 2.

Fig. 3c. Querschnitt durch die Varietät *loculifera* (mit fächeriger Magenhöhle (vv)). Vergr. 5.

Fig. 4—8. **Leucetta corticata** (*System* p. 129).

Fig. 4. Ein Stock ohne Mundöffnung (*Aphroceras corticatum*), um einen Fucoiden-Stamm herumgewachsen. Natürliche Grösse.

Fig. 5. Querschnitt durch einen Ast (eine Person) des in Fig. 4 abgebildeten Stockes. Der Kalk ist durch Salzsäure entfernt. c Rindenschicht. m Markschicht mit den Geisselkammern. v Magenhöhle. Vergr. 20.

Fig. 6. Ein regulärer Dreistrahler der Rindenschicht. Vergr. 100.

Fig. 7. Sagittale Dreistrahler aus dem äusseren Theile der Markschicht. Vergr. 400.

Fig. 8. Sagittale Dreistrahler aus dem inneren Theile der Markschicht. Vergr. 400.

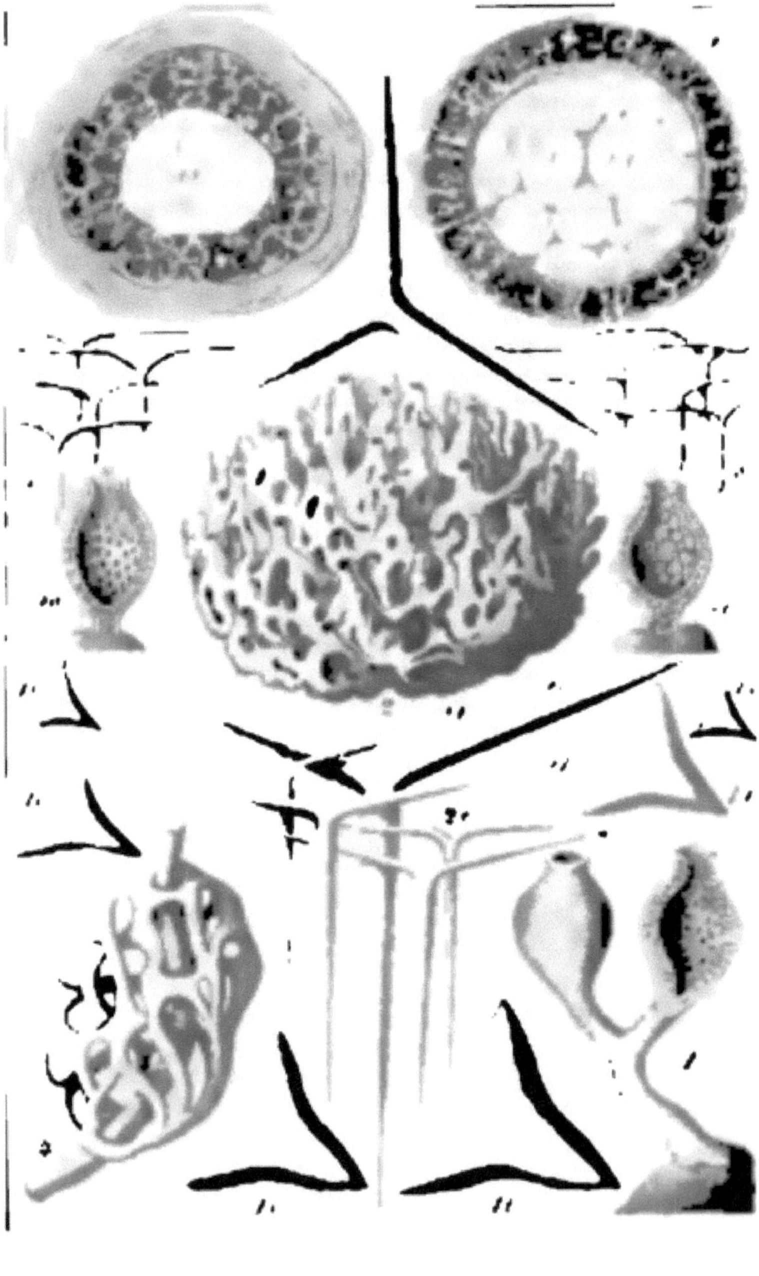

# Erklärung der Tafel 23.

Familie: Leucones.

## Genus: Leucetta.

Species.

Leucetta pandora

(Spicula des Skelets.)

# Tafel 23

## Leucetta pandora (System p. 127)

**Alle Figuren sind 200mal vergrössert.**

Die Figuren dieser Tafel stellen eine Auswahl von Dreistrahlern der *Leucetta pandora*, Var. [illegible], bei zweihundertmaliger Vergrösserung dar. Die Hauptmasse der Dreistrahler ist irregulär, doch finden sich dazwischen auch einzelne reguläre und subreguläre, sagittale und subsagittale Dreistrahler. Die Mannigfaltigkeit der Nadelform übersteigt bei dieser Species jede Grenze, und steht im schroffsten Gegensatze zu der absoluten Constanz der regulären Dreistrahler der Leucetta primigenia.

*a* Ganz junge reguläre Dreistrahler
*b* Entwickelte reguläre Dreistrahler
*c* Colossale sagittale Dreistrahler
*d* Rechtwinkeliger sagittaler Dreistrahler
*e* Sagittaler Dreistrahler mit hypertrophischem Basal-Schenkel.
*f* Gabelförmiger Dreistrahler mit hypertrophischem Basal-Schenkel.
*g* Gabelförmiger Dreistrahler mit atrophischem Basal-Schenkel
*h* Gabelförmiger Dreistrahler mit [illegible] Basal-Schenkel und ungleichen Lateral-Schenkeln

(Diese merkwürdige Form, auf welche sogar besondere neue Gattung und Art *Lelapia australis*, gegründet worden ist, kommt auch bei *Leucortis pulvinar*, Var. [illegible] vor (vergl. System p. 160))

*i* Ankerförmige Dreistrahler mit zurückgebogenen Lateral-Schenkeln
*k*, *l* Ankerförmige subsagittale Dreistrahler
*m*, *n* Subsagittale Dreistrahler
*o*, *p* Völlig irreguläre Dreistrahler
*q* Ganz junge irreguläre Dreistrahler

Taf 23

P. Haeckel del. Lith. Anst. v. E. Giltsch in Jena.

# Erklärung der Tafel 21.

Familie: Leucones.

## Genus: Leucilla.

Species:

L. amphora L. capsula

(Anatomie.)

## Tafel 24

Fig 1—3 **Leucilla capsula** (System p. 124)

Fig 1 Eine Person ohne Mundöffnung (*Leucometra capsula*), longitudinal durchschnitten. Man sieht die geschlossene Magenhöhle, von welcher die verästelten Parietal-Canäle ausstrahlen. Vergr 6

Fig 2 Vier grössere vierstrahlige Spicula von der äusseren Dermalfläche. Vergr 100

Fig 3 Vier kleinere vierstrahlige Spicula aus dem inneren Parenchym der Magenwand. Vergr 100

Fig 4—15 **Leucilla amphora** (System p. 128)

Fig 4 Eine kugelförmige Person mit nackter Mundöffnung (*Dyssycus amphora*). Natürliche Grösse

Fig 5 Dieselbe Person im Längsschnitt. Natürliche Grösse

Fig 6 Eine cylindrische Person mit nackter Mundöffnung (*Dyssycus amphora*). Natürliche Grösse

Fig 7 Dieselbe Person im Längsschnitt. Natürliche Grösse

Fig 8 Ein Stück der Person in Fig 4, 5. Rechts ist ein Stück herausgeschnitten, so dass man in das Innere der Magenhöhle und oben zugleich die Oberfläche des Querschnitts sieht. Links, auf der äusseren Oberfläche, sind die zahlreichen runden Hautporen und dazwischen die drei facialen, in der Fläche liegenden Schenkel der dermalen Vierstrahler (Fig 9—11) sichtbar. Oben auf dem Querschnitt und ebenso rechts auf dem Längsschnitt der Magenwand erblickt man die radial nach innen gehenden centripetalen Apical-Schenkel der letzteren, und die denen entgegengesetzten centrifugalen Apical-Schenkel der gastralen Vierstrahler. Auf der Innenfläche der Magenwand (in der Mitte) sieht man die grossen unregelmässigen Gastral-Mündungen der verästelten Parietal-Canäle, und zwischen diesen die Facial-Strahlen der gastralen Vierstrahler. Vergr 25

Fig 9, 10, 11 Drei dicke dermale Vierstrahler. Die drei facialen (basalen) Strahlen liegen in der Dermalfläche. Der apicale (dorsale) Strahl ist verkürzt und springt centripetal in das Wand-Parenchym vor, der basale Strahl ist abwärts gerichtet. Vergr 100

Fig 12 Ein dicker gastraler Vierstrahler. Der basale Strahl ist nach unten gerichtet und stark verlängert, der apicale nach oben gerichtet und wenig verdickt. Vergr 100

Fig 13 Sechs dünne irreguläre Vierstrahler mitten aus dem Wand-Parenchym. Vergr 100

Fig 14, 15 Sagittale dünne Vierstrahler aus dem inneren Ueberzug der Magenfläche und der grösseren Canäle (Fig 14 von der Fläche, Fig 15 im Profil gesehen). Der Apical-Strahl springt frei nach innen vor. Vergr 100

Taf. 24

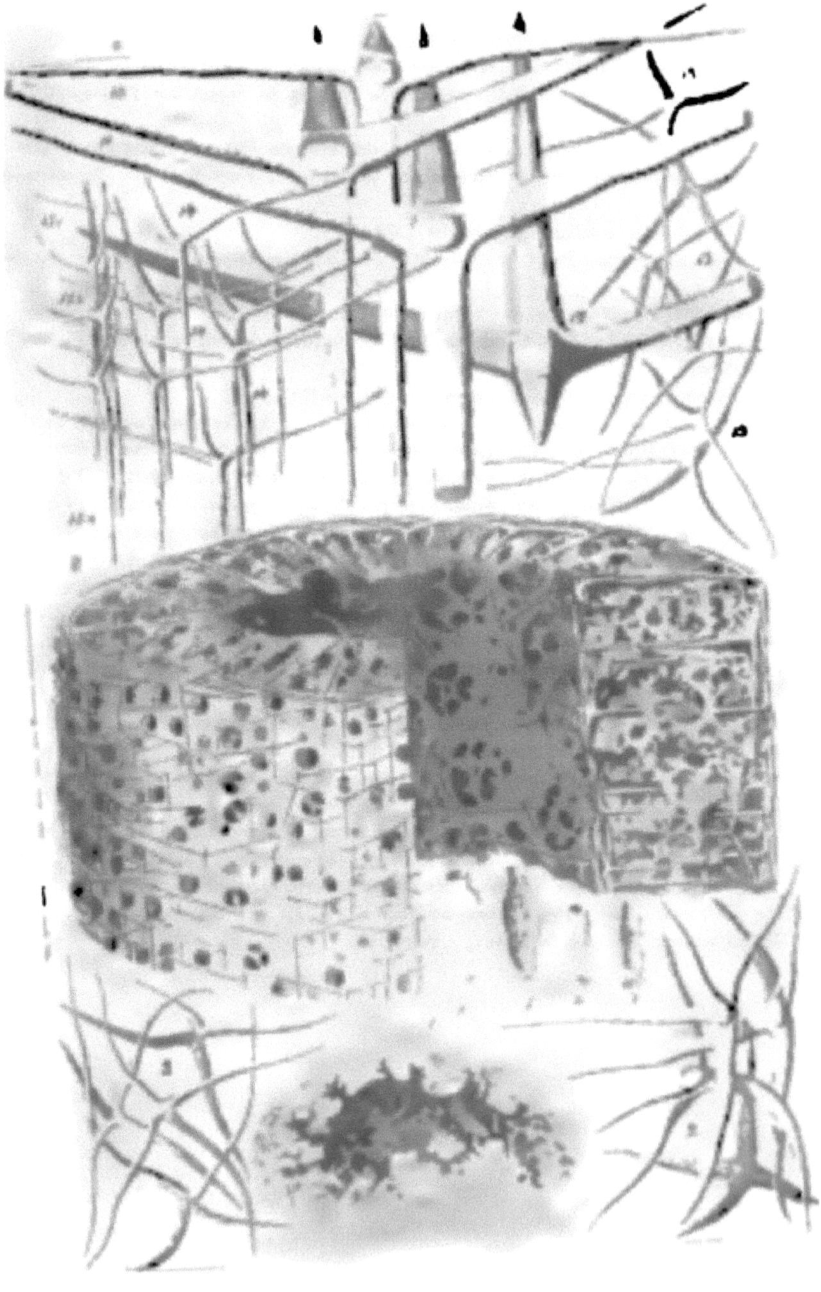

# Erklärung der Tafel 25.

Familie: Leucones.

## Genus: Leucyssa.

Species:

L. spongilla L. cretacea L. incrustans.

(Anatomie und Ontogenie.)

## Tafel 25

Fig 1—10. **Leucyssa incrustans** (System p 129)

Fig 1 Ein Stock mit vier nackthalsigen Personen (*Amphorenium incrustans*) Vergr 2

Fig 2 Ein Stückchen Gastralfläche mit einem Gastral-Ostium. e Synocytium des Exoderm d Kerne desselben s Stabnadeln. Das Sarcodine a der Umgebung des Gastral-Ostium ist in ringförmige concentrische Falten gelegt, welche Ringmuskeln vorspiegeln Vergr 400

Fig 3 Schnitt durch eine [illegible] Geissel-Kammer (ee), in welche oben ein Radial-Canal (c) einmündet. Andere Radial-Canäle sind quer durchschnitten (c). Der Kalk ist durch Essigsäure entfernt, so dass blos die Scheiden (s) der Spicula sichtbar sind. e Synocytium des Exoderm d Kerne desselben i Geisselzellen des Entoderm g Eizellen. Das hyaline Exoderm ist an diesen Kanälen ausnehmend dick und bildet das [illegible] helle Randwulstschicht, welche eine Membran vorspiegelt, und sich scharf von dem körnigen Endoplasma absetzt. Vergr 400.

Fig 4 Schnitt durch eine [illegible] Geissel-Kammer (ee) s Häufchen von Spermazellen. i Nutritive Geisselzellen des Entoderm d Kerne des Synocytium s Spicula. Vergrösserung 400

Fig 5. Vier isolirte entoderm Geisselzellen mit Kragen von verschiedener Form (neben dem Kern contractile Vacuolen) Vergr 1000.

Fig 6 Vier Geisselzellen welche sich in amoeboide Zellen verwandelt haben Vergr 1000

Fig 7 Drei Spermazellen r der Zoospermien Vergr 1000.

Fig 8 Zwei durch Zerzupfen isolirte Fetzen des Synocytium, welche amoeboide Bewegungen ausführen (8 a mit einem Kern, 8 b mit zwei Kernen) Vergr. 1000.

Fig 9 Eine kleine Stabnadel, aus dem lebenden Thiere durch Zerzupfen isolirt. Von der dünnen Sarcodine-Scheide, welche die Stabnadel überzieht, strahlen zahlreiche Pseudopodien [illegible] feinen Fäden aus (Pseudopodien?) Vergr 1000

Fig 10. Eine isolirte grosse Stabnadel Vergr 400.

Fig 11—13. **Leucyssa spongilla** (System p 127).

Fig. 11 Ein Stock mit einer einzigen grossen, mit einem grossen Peristom-Kranz umgebenen Oeffnung (Coenostomum spongilla) Im Systeme (Band II, S. 127 und S. 405) ist diese Form irrthümlich als Artynas spongilla aufgeführt. Vergr 2

Fig 12 Derselbe Stock im Längsschnitt. Vergr 2

Fig 13. Eine einzelne Stabnadel Vergr 100

Fig 14—17 **Leucyssa cretacea** (System p 128)

Fig 14—17 stellen die verschiedenen Formen von Stabnadeln mit Oehr (Nähnadeln) dar, welche das ganze Skelet dieser Art bilden Vergr 400

Taf. 26

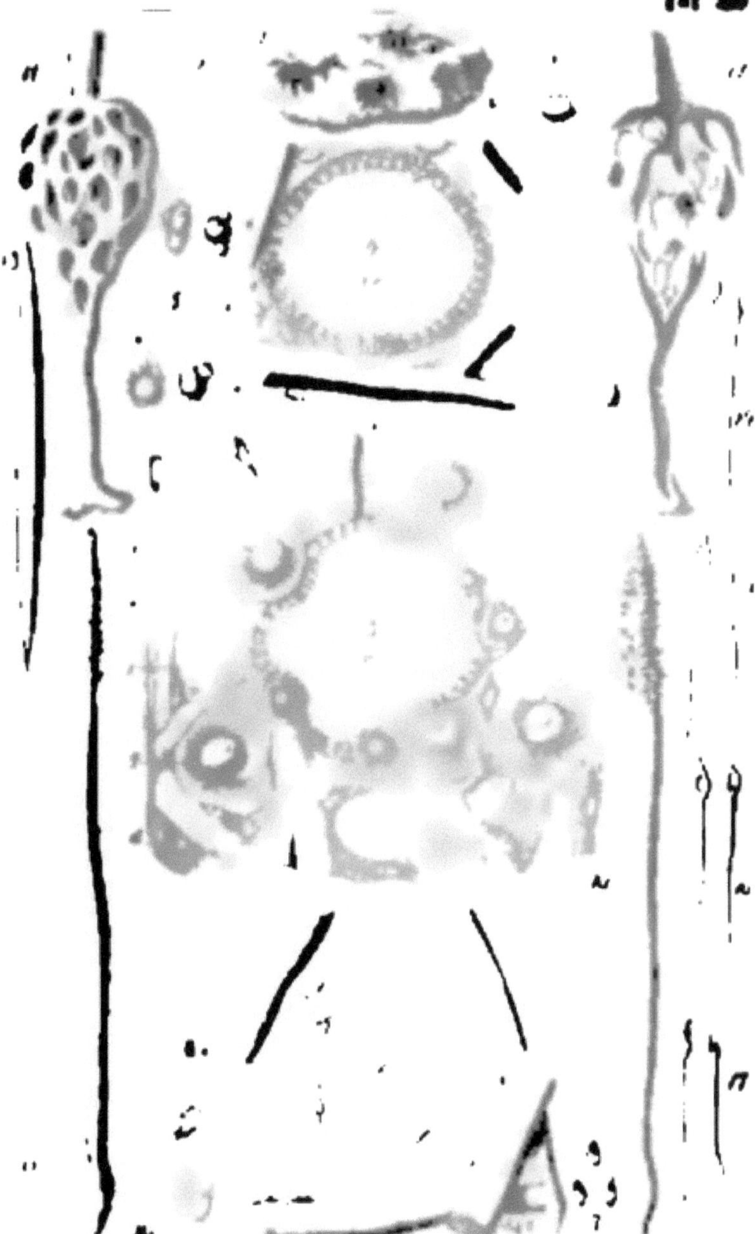

# Erklärung der Tafel 26.

## Familie: Leuconea.

# Genus: Leucaltis.

Species:

Leucaltis floridana

(Polymorphose und Anatomie.)

# Tafel 26

## Leucaltis floridana (System p. 144)

Fig. 1–4. Solitäre Personen mit nackter Mundöffnung (*[illegible] floridanus*).

Fig. 1. Eine sehr unregelmässige nacktmündige Person. o Osculum. Natürliche Grösse.

Fig. 2. Eine kreiselförmige nacktmündige Person, durch einen Längsschnitt geöffnet. g Magenhöhle. o Osculum. Natürliche Grösse.

Fig. 3. Eine keulenförmige nacktmündige Person. o Osculum. x—y Lage des Querschnitts, Fig. 4. Vergr. 4.

Fig. 4. Querschnitt durch die nacktmündige Person Fig. 3 in der Höhe der Linie x—y. Um den Querschnitt der centralen Magenhöhle herum stehen die Querschnitte von weiten longitudinalen Canälen. Vergr. 8.

Fig. 5. Eine solitäre Person ohne Mundöffnung (*Lipostomella floridana*) mit sehr verengter Magenhöhle (g). Längsschnitt. Vergr. 2.

Fig. 6–11. Stöcke mit lauter nacktmündigen Personen (*[illegible] floridanus*).

Fig. 6. Ein Amphoriscus-Stock mit zwei Personen, durch unvollständige Längstheilung entstanden. Natürliche Grösse.

Fig. 7. Derselbe Stock (Fig. 6) von der Oralseite gesehen. o, o Mundöffnungen. Natürliche Grösse.

Fig. 8. Ein Amphoriscus-Stock aus zwei Personen, durch unvollständige Längstheilung entstanden, von der Basalseite gesehen. o Osculum. Vergr. 2.

Fig. 9. Derselbe Stock (*Fig. 8*) im *Längsschnitt*. g Magenhöhlen. o Mundöffnungen. Vergrösserung 2.

Fig. 10. Ein Amphoriscus-Stock mit drei Personen. Natürliche Grösse.

Fig. 11. Derselbe Stock (Fig. 10) von der Oralseite. Natürliche Grösse.

Fig. 12. Ein colossaler Dreistrahler aus der Dermalfläche. Vergr. 50.

Fig. 13, 14. Zwei mittelgrosse Dreistrahler aus dem Wand-Parenchym. Vergr. 200.

Fig. 15. Ein colossaler Vierstrahler aus dem Wand-Parenchym. Vergr. 50.

Fig. 16, 17. Zwei mittelgrosse Vierstrahler aus dem Wand-Parenchym. Vergr. 200.

•

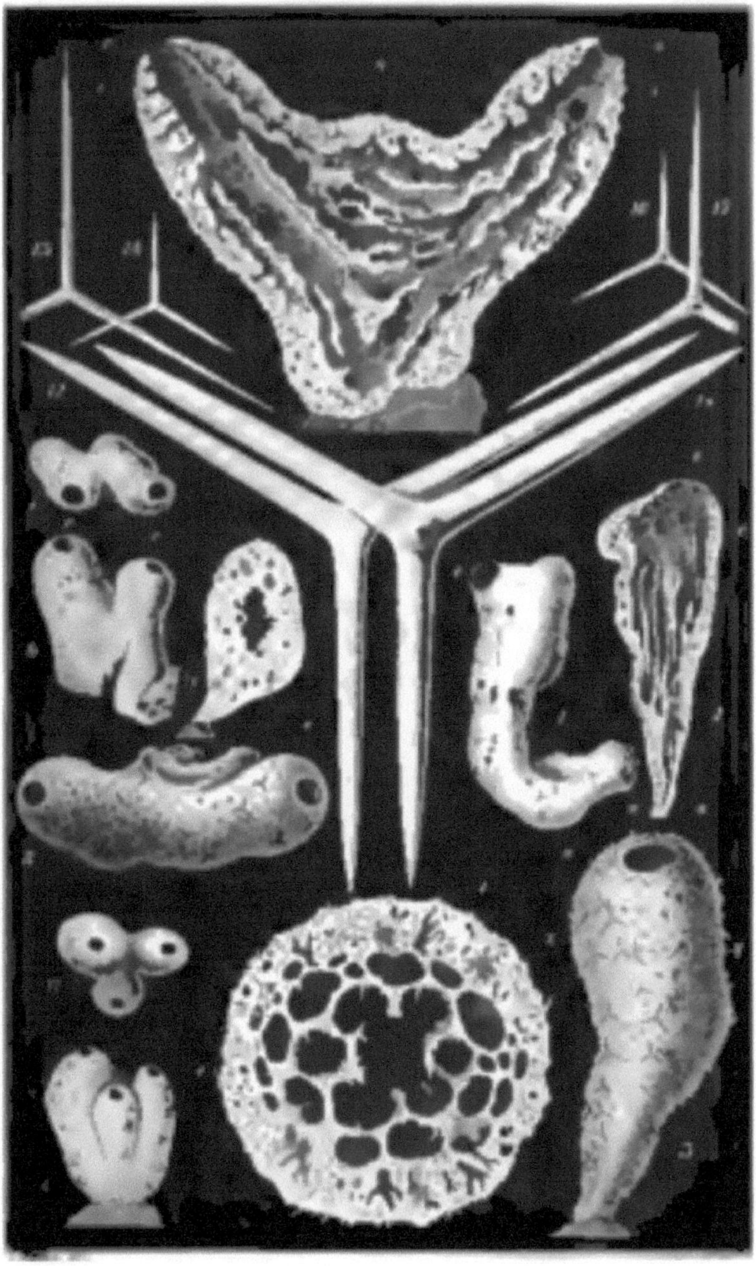

## Erklärung der Tafel 27.

### Familie: Leucones.

# Genus: Leucaltis.

Species

L. floridana    L. pumila    L. solida

(Spicula des Skelets.)

## Tafel 27.

### Species des Genus Leucaltis.

Alle Figuren sind 180mal vergrössert.

Fig 1 Leucaltis floridana (System p. 146).

1a Ein mittelkleiner Dreistrahler des Parenchyms.

1b Ein schlanker Vierstrahler des Parenchyms

Fig 2 Leucaltis pumila (System p. 148).

2a—2c Grosse Dreistrahler des Gerüstes (2a regulär, 2b, 2c sagittal).

2d Mittelkleine Dreistrahler der Füllungsmasse.

2e Mittelkleine Vierstrahler der Gastralfläche.

2f Mittelkleine Vierstrahler des Rüssels.

2g Mittelkleine Vierstrahler eines Radial-Canals.

Fig 3 Leucaltis solida (System p. 151)

3a—3c Grosse Dreistrahler des Gerüstes (3a subregulär, 3b sagittal, 3c irregulär).

3d, 3e Mittelkleine Dreistrahler der Füllungsmasse (3d irregulär, 3e sagittal).

3f Mittelkleine sagittale Dreistrahler der Gastralfläche mit atrophischem Basal-Schenkel.

3g Mittelkleine sagittale Vierstrahler der Gastralfläche mit atrophischem Basal-Schenkel.

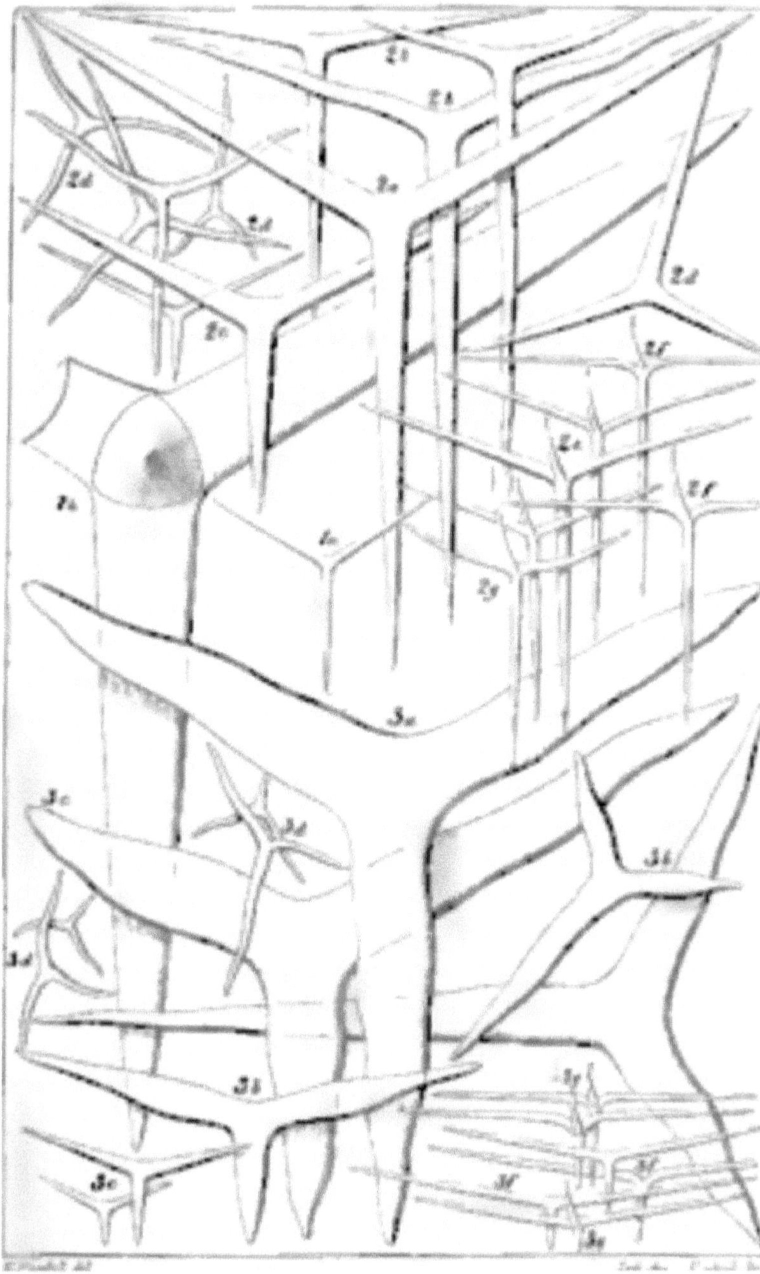

## Erklärung der Tafel 26.

### Familie: Leucones.

# Genus: Leucaltis.

Species

L. crustacea   L. bathybia   L. clathria.

(Spicula des Skelets.)

## Tafel 29.

### Spicula des Genus Leucaltis.

Alle Figuren sind 300mal vergrössert.

Fig. 1. Leucaltis crustacea (System p. 166)

1a Mittelkleiner irregulärer Dreistrahler des Parenchyms

1b Mittelkleiner sagittaler Dreistrahler der Gastralfläche

1c Mittelkleiner plumper sagittaler Vierstrahler der Dermalfläche

Fig. 2. Leucaltis bathybia (System p. 158)

2a, 2b Mittelgrosse sagittale Vierstrahler des Osculum.

2c Mittelkleiner sagittaler Vierstrahler der Gastralfläche

2d Mittelkleiner sagittaler Dreistrahler der Dermalfläche

2e Mittelkleiner irregulärer Dreistrahler des Füllungsgewebes.

Fig. 3. Leucaltis clathria (System p. 159)

3a Zwei mittelgrosse reguläre Dreistrahler der Rindenschicht.

3b Drei colossale reguläre Vierstrahler der Rindenschicht.

3c Eine Masche der dünneren Marksubstanz, in deren Canal-Wänden zahlreiche winzige sagittale Dreistrahler und Vierstrahler liegen.

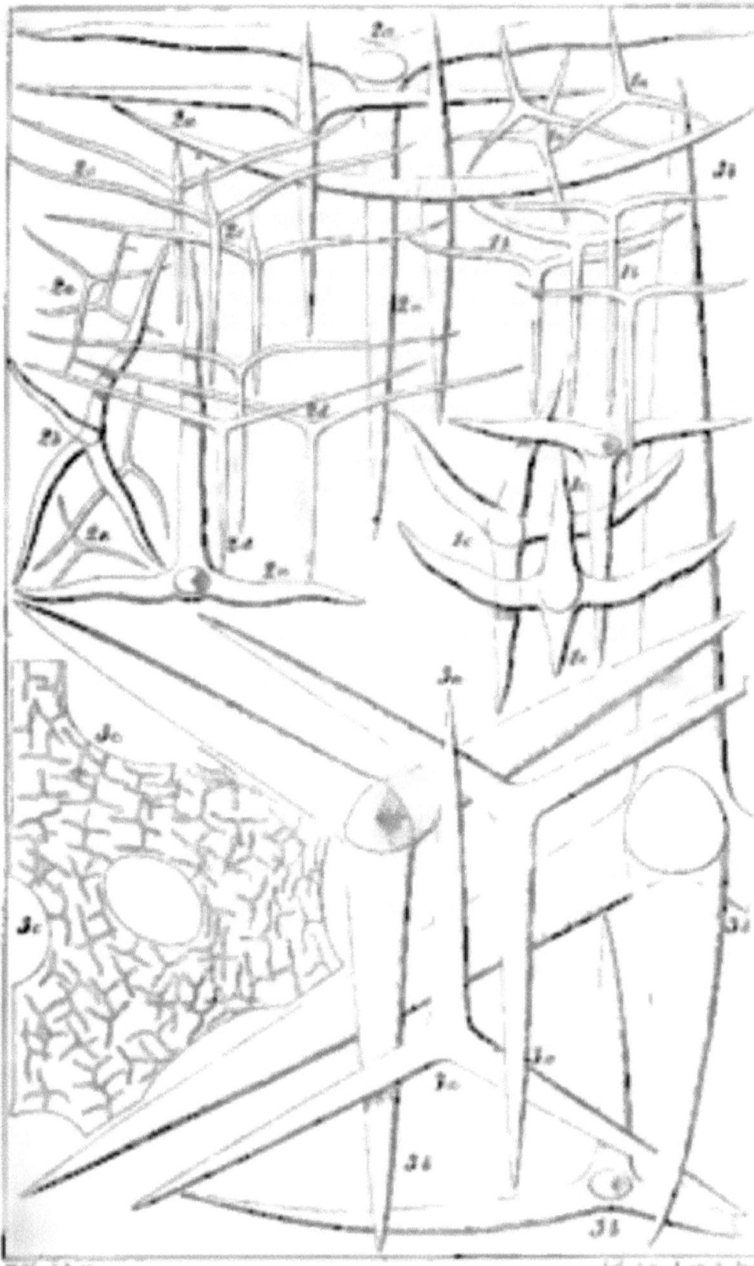

# Erklärung der Tafel 29.

## Familie: Leucones.

# Genus: Leucortis.

Species

Leucortis pulvinar

(Anatomie.)

## Tafel 29.

### Leucortis pulvinar (System p 162)

Fig 1. Längsschnitt durch die Mitte einer einzelnen, sehr jungen, sackförmigen Person (*[illegible] pulvinar*). Der Schnitt, welcher mitten durch den Magen (*g*) geht, ist durch Canäle geführt und der Kalk der Spicula durch verdünnte Salzsäure entfernt. Man sieht von der engen Magenhöhle, die sich oben durch eine enge Mündung (*o*) öffnet, die engen verästelten Parietal-Canäle ausgehen, an deren Zweigen Gruppen von Geisselkammern sitzen, ganz ähnlich den Bläschen einer zusammengesetzten traubenförmigen Drüse. In der äusseren Rindenschicht, welche keine Geisselkammern enthält, sind die feinen „Einströmungs-Canäle" bei dieser schwachen Vergrösserung nicht sichtbar. Vergr 40.

Fig 2. Ein kleines Stückchen des Schnittes (Fig 1) stärker vergrössert. Man sieht zwei Geisselkammern, von denen die linke vollständig, die rechte durch den Schnitt geöffnet ist. Beide münden durch kurze Canäle in einen gemeinsamen grösseren Canal (*c*). Andere Canäle, welche ebenfalls [illegible], sind im [illegible] (*c*) auf dem Querschnitt sichtbar (*c*, *c*). Vergr 400.

Fig 3—10. Spicula der *Leucortis* [illegible] (arabische Varietät von *Leucortis pulvinar*). Vergrösserung 100.

Fig 11—15. Spicula der *Leucortis indica* (indische Varietät von *Leucortis pulvinar*). Vergrösserung 100.

Fig 3. Reguläre Dreistrahler des Wand-Parenchyms (selten).

Fig 11. Subreguläre Dreistrahler des Wand-Parenchyms (ziemlich häufig).

Fig 4—5. Sagittale Dreistrahler des Wand-Parenchyms (ziemlich häufig).

Fig 7, 14, 15. Irreguläre Dreistrahler des Wand-Parenchyms (die häufigste Form).

Fig 6, 12, 13. Sagittale Vierstrahler der dermalen, canalen und gastralen Flächen.

Fig 8—10. Colossale gerade Stabnadeln des Wand-Parenchyms von *Leucortis* [illegible].

Fig 16—18. Colossale verbogene Stabnadeln des Wand-Parenchyms von *Leucortis indica*. Der Centralfaden ist in den Stabnadeln sichtbar.

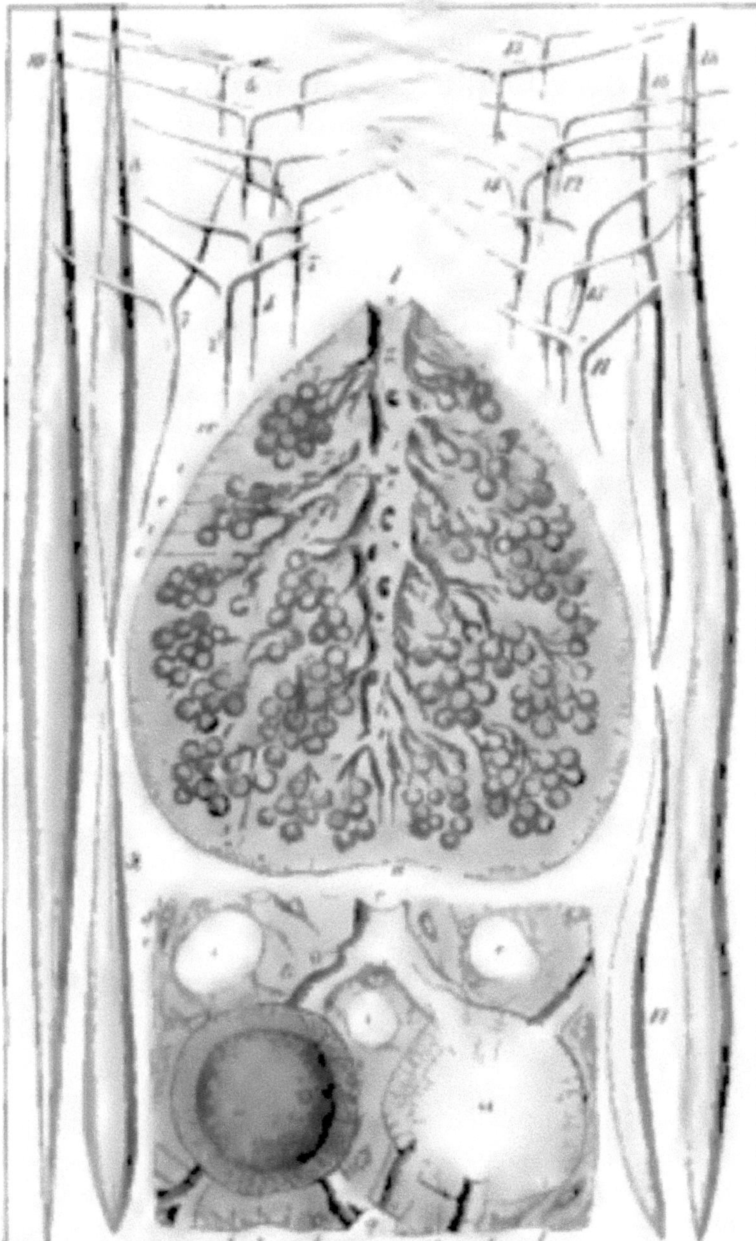

## Erklärung der Tafel 30.

Familie: Leucones.

# Genus: Leuculmis.

Species:

*Leuculmis echinus*

(Anatomie und Ontogenie.)

## Tafel 30.

### Leucandra echinus (System p. 167).

Fig. 1. Eine einzelne Person mit nackter Mundöffnung ([illegible]), frei, nicht aufgewachsen. Die langgezogene Person ist durch einen Längsschnitt halbirt, so dass man in die Magenhöhle hineinsieht, deren Fläche von vielen grösseren und kleineren Gastral-Ostien durchbohrt ist. Vergr. 10.

Fig. 2. Eine amoeboide Eizelle in den verschiedenen Contractions-Zuständen, welche sie beim freien Umherkriechen nach einander annimmt (2 A bis 2 E). Vergr. 300.

Fig. 3—7. Furchung der befruchteten Eizelle. Vergr. 300.

Fig. 3. Die ungetheilte befruchtete Eizelle.

Fig. 4. Zerfall derselben in 2 Zellen.

Fig. 5. Zerfall derselben in 4 Zellen.

Fig. 6. Furchungs-Stadium mit 8 Zellen.

Fig. 7. Furchungs-Stadium mit 16 Zellen.

Fig. 8. Eine Flimmerlarve mit Magenhöhle und Mundöffnung (Gastrula). Die Dermalfläche ist mit einer Schicht sehr kleiner Geisselhaare bedeckt, die Mundöffnung mit einem Ring von grösseren dunkleren Zellen umgeben. Vergr. 400.

Fig. 9. Dieselbe Flimmerlarve (Gastrula) im optischen Längsschnitt. Die Magenhöhle, welche sich oben durch den Mund öffnet, ist von einer doppelten Zellenschicht umschlossen, innen einer Schicht dunkler, rundlicher, fettkörniger Zellen (Entoderm), aussen einer Schicht heller, cylindrischer Geisselzellen (Exoderm). Vergr. 400.

Fig. 10. Ein kleines Stückchen Magenwand der Flimmerlarve (Gastrula), oben innen zwei dunkle Zellen des Entoderm (i), unten sechs Geisselzellen des Exoderm (e), jede von den letzteren mit Kern, contractiler Vacuole (c) und einer langen Geissel, deren Basis von einem cylindrischen Kragen des Exoplasma umgeben ist. Vergr. 1000.

Fig. 11. Ein Schnitt durch die Magenwand der [illegible] (Fig. 1). g Innere Vierstrahler der Gastralfläche. d Aeussere Vierstrahler der Dermalfläche. b Unregelmässiges Fachwerk des Wand-Parenchyms, von kleineren Vierstrahlern gestützt. Vergr. 60.

Taf. III

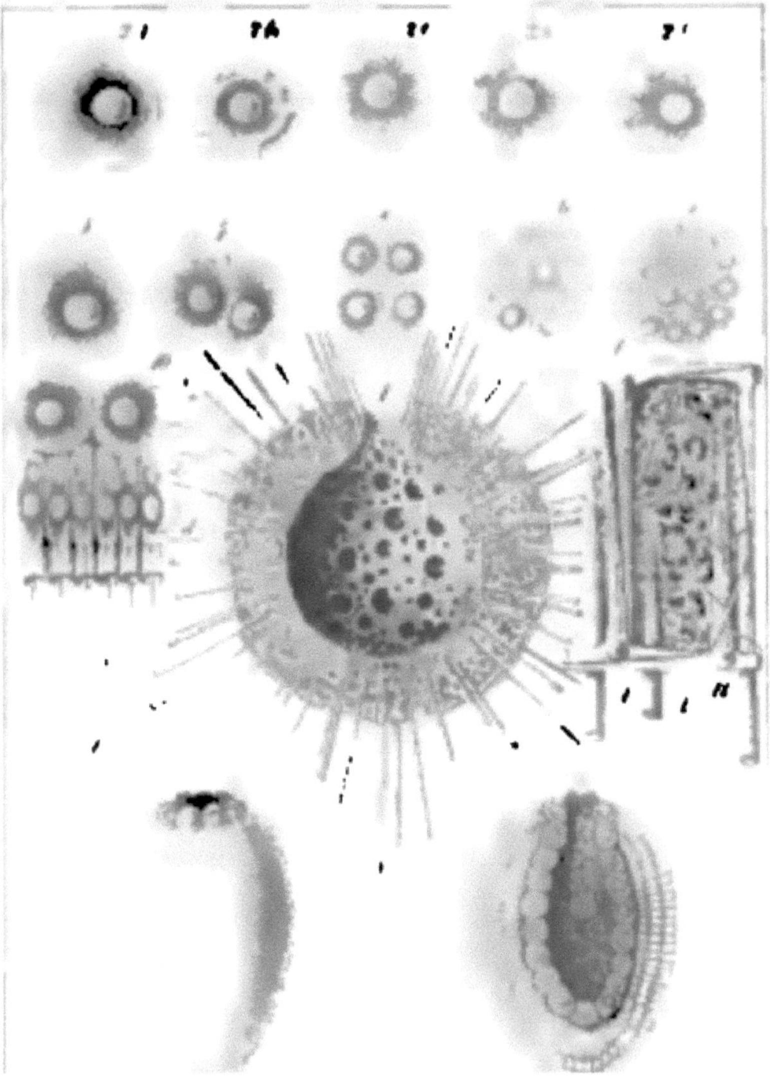

# Erklärung der Tafel 31.

## Familie: Leucones

# Genus: Leucandra.

Species:

L. caminus L. [illegible] L. aspera L. fistulosa

(Spicula des Skelets.)

# Tafel 31.

## Species des Genus Leucandra.

Alle Figuren sind 300mal vergrössert.

Fig. 1. Leucandra [illegible] (System p. 173).

1a. Mittelgrosser regulärer Dreistrahler des Parenchyms.

1b. Mittelkleiner sagittaler Dreistrahler des Parenchyms.

1c. Mittelkleiner sagittaler Vierstrahler der Gastralfläche. (Links ist der Apical-Strahl derselben (1c) im Profil, an dem Längsschnitte der Gastralfläche, m—n, sichtbar.)

1d. Colossale Stabnadel des Parenchyms.

Fig. 2. Leucandra [illegible] (System p. 1[illegible]).

2a—2c. Mittelkleine Dreistrahler des Parenchyms.

2d. Mittelkleiner sagittaler Vierstrahler der Gastralfläche. (Links ist der Apical-Strahl desselben, 2e, im Profil an dem Längsschnitte der Gastralfläche, m—n, sichtbar.)

2f. Grosse [illegible] oder [illegible] Stabnadeln der Dermalfläche (links proximales, rechts distales Ende derselben).

Fig. 3. Leucandra aspera (System p. 191).

3a. Mittelkleiner regulärer Dreistrahler der Dermalfläche.

3b. Mittelkleiner sagittaler Dreistrahler der Canalwände.

3c. Mittelkleiner regulärer Dreistrahler des Parenchyms.

3d. Mittelkleiner sagittaler Vierstrahler der Gastralfläche. (Links ist der Apical-Strahl desselben (3e) im Profil, an dem Längsschnitte der Gastralfläche, m—n, sichtbar.)

3f. Proximales Ende von zwei colossalen spindelförmigen Stabnadeln.

Fig. 4. Leucandra [illegible] (System p. 187).

4a, 4b. Mittelgrosse sagittale Dreistrahler des Parenchyms.

4c. Mittelgrosser irregulärer Vierstrahler des Parenchyms.

4d. Mittelgrosser sagittaler Vierstrahler der Gastralfläche. (Links ist der Apical-Strahl desselben (4e) im Profil an dem Längsschnitte der Gastralfläche, m—n, sichtbar.)

4f. Proximales Ende einer colossalen cylindrischen Stabnadel.

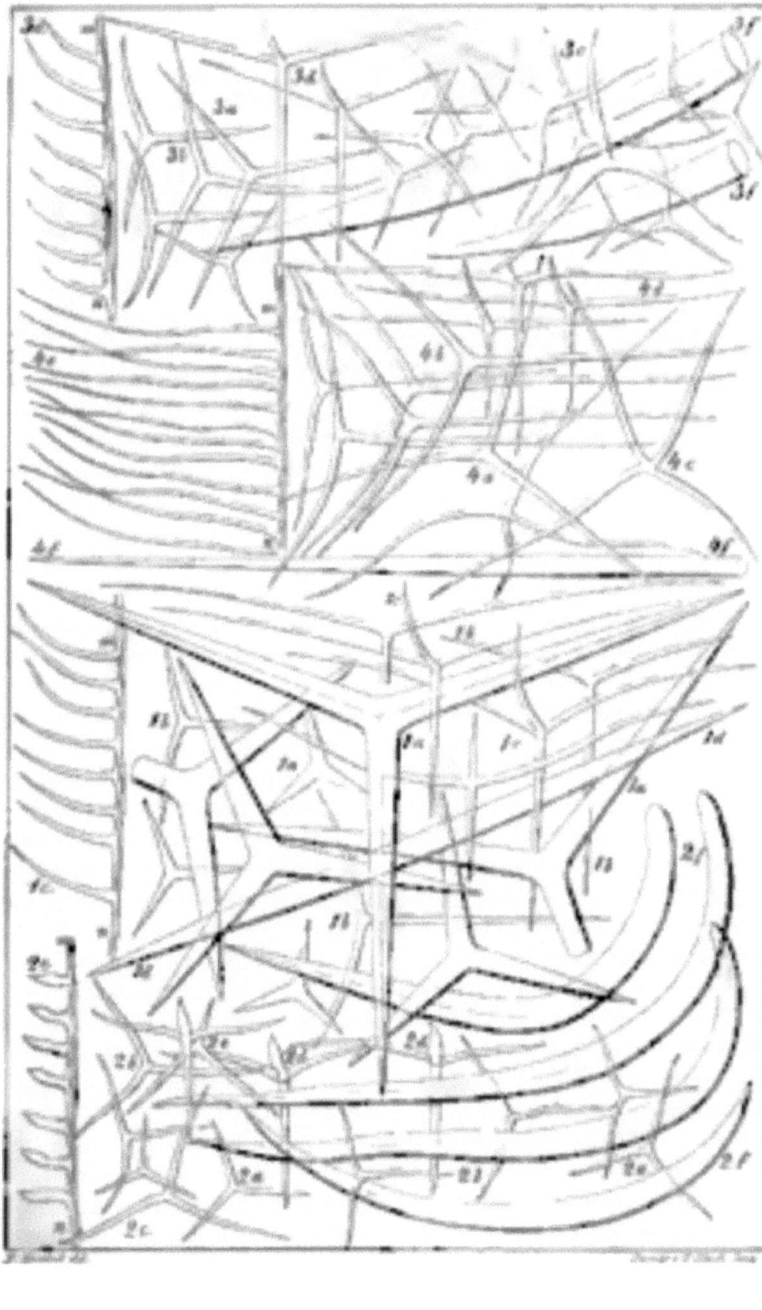

# Erklärung der Tafel 32.

## Familie: Leuconen.

# Genus: Leucandra.

Species

L. Egedii  L. Gossei  L. crambessa  L. alcicornis  L. ananas
L. cataphracta

(Spicula des Skelets.)

# Tafel 32

## Spicula des Genus Leucandra.

Alle Figuren sind 100 mal vergrössert.

Fig. 1. **Leucandra Egedii** (System p. 178)

1a Mittelkleine reguläre Dreistrahler des Parenchyms.

1b Mittelkleine sagittale Vierstrahler der Gastralfläche.

1c Apical-Schenkel der letzteren im Profil (am Längsschnitt der Gastralfläche, m—n).

1d Grosse spindelförmige Stabnadeln des Parenchyms.

Fig. 2. **Leucandra Gossei** (System p. 177)

2a—2c Kleine Dreistrahler des Parenchyms (2a reguläre, 2b sagittale, 2c irreguläre).

2d Kleine Vierstrahler der Gastralfläche.

2e Apical-Schenkel der letzteren im Profil (am Längsschnitt der Gastralfläche, m—n).

2f Grosse spindelförmige Stabnadel des Parenchyms.

Fig. 3. **Leucandra crambessa** (System p. 182)

3a—3c Kleine Dreistrahler des Parenchyms (3a reguläre, 3b sagittale, 3c irreguläre).

3d Kleine sagittale Vierstrahler der Gastralfläche.

3e Apical-Schenkel der letzteren im Profil (am Längsschnitt der Gastralfläche, m—n).

3f Colossale spindelförmige Stabnadel der Dermalfläche.

3g Querschnitt der letzteren.

Fig. 4. **Leucandra [illegible]** (System p. 184).

4a—4c Mittelkleine Dreistrahler des Parenchyms (4a reguläre, 4b sagittale, 4c irreguläre).

4d Sagittale Vierstrahler der Gastralfläche.

4e Apical-Schenkel der letzteren im Profil (am Längsschnitt der Gastralfläche, m—n).

4f Eine colossale lanzetförmige Stabnadel des Dermal-Panzers.

4g, 4h Querschnitte von letzterer.

Fig. 5. **Leucandra [illegible]** (System p. 200)

5a—5c Mittelkleine Dreistrahler des Parenchyms (5a reguläre, 5b sagittale, 5c irreguläre).

5d Mittelkleine sagittale Vierstrahler der Gastralfläche.

5e Apical-Schenkel der letzteren im Profil (am Längsschnitt der Gastralfläche, m—n).

5f Proximales Ende einer colossalen cylindrischen Stabnadel.

Fig. 6. **Leucandra [illegible]** (System p. 218)

6a—6c Mittelkleine Dreistrahler des Parenchyms.

6d Mittelkleine sagittale Vierstrahler der Gastralfläche.

6e Dieselben im Profil (Seite der Apical-Schenkel).

6f Querschnitt einer colossalen spindelförmigen Stabnadel des Parenchyms.

---

Taf 32

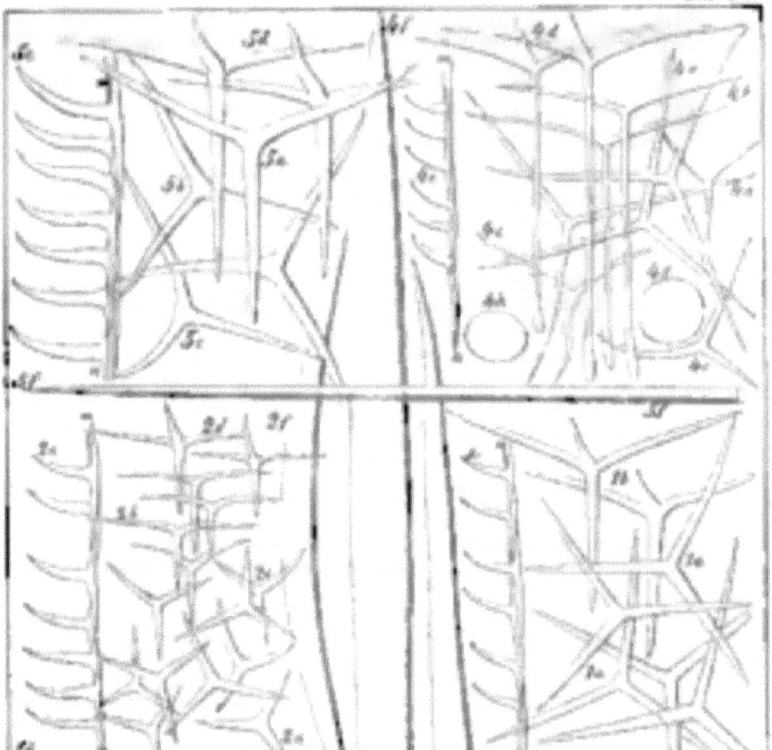

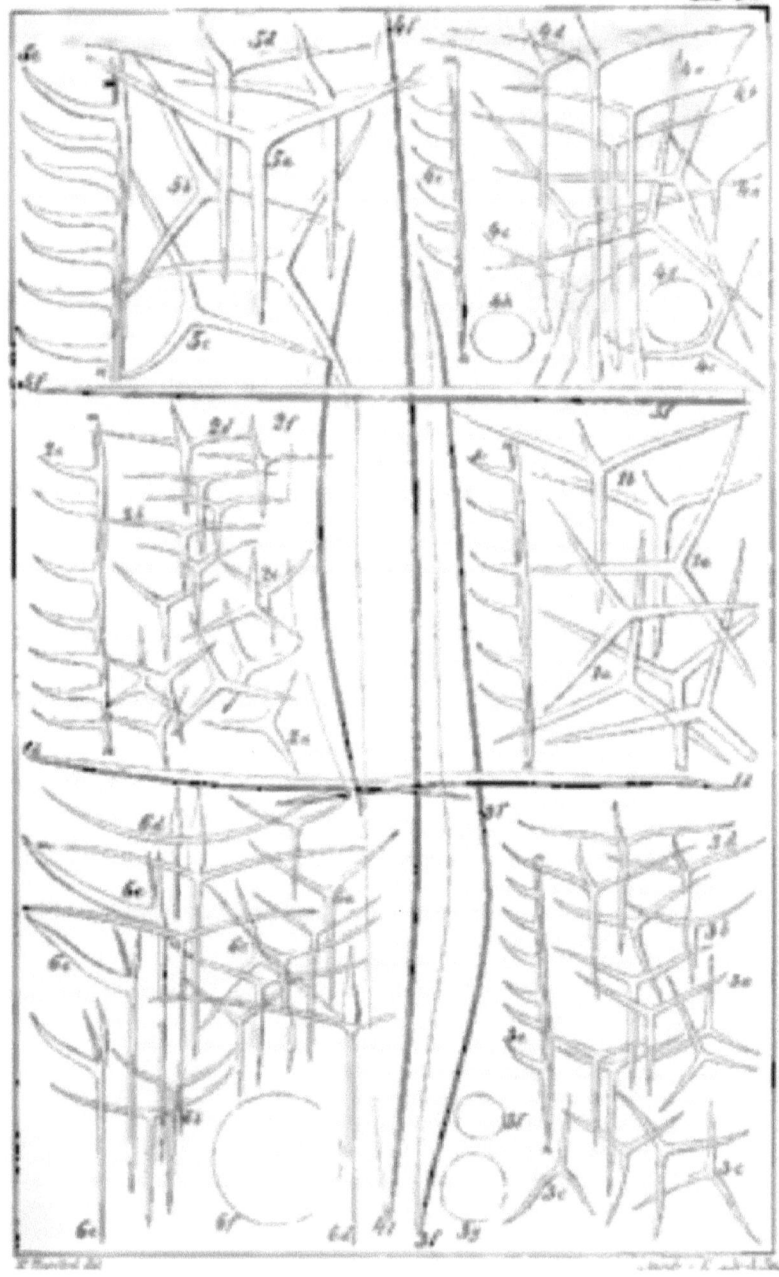

# Erklärung der Tafel 33.

## Familie: Leucones.

# Genus: Leucandra.

Species

L. cucumis. L. bomba. L. saccharata. L. stilifera.

(Spicula des Skelets.)

## Tafel 33

### Spicula des Genus Leucandra.

Alle Figuren sind 100mal vergrössert.

Fig. 1. Leucandra crambessa (System p. 206).

1a—1c Mittelkleine Dreistrahler der Dermalfläche.

1d Mittelkleine Dreistrahler der Gastralfläche.

1e Mittelkleine Dreistrahler des Parenchyms.

1f, 1g Grosse Vierstrahler der Mündungskante (1f mit sehr engem, 1g mit sehr weitem Central-Canal der Schenkel).

1h Mittelkleine Vierstrahler der Markschicht.

1i Colossale longitudinale spindelförmige Stabnadel der Dermalfläche, mit sehr weitem Central-Canal.

1k Colossale longitudinale lanzetförmige Stabnadeln (Strebenadeln) des Parenchyms.

Fig. 2. Leucandra bomba (System p. 217).

2a Winzige Stabnadeln des Stäbchen-Mörtels der Dermalfläche.

2b Colossale longitudinale spindelförmige Stabnadeln des Mark-Parenchyms.

2c Mittelkleine reguläre Dreistrahler der Dermalfläche.

2d Mittelkleine reguläre Dreistrahler des Mark-Parenchyms.

2e Mittelkleine sagittale Vierstrahler der Canalfläche.

2f Mittelkleine sagittale Vierstrahler der Gastralfläche.

Fig. 3. Leucandra saccharata (System p. 228).

3a Winzige Stabnadel des Stäbchen-Mörtels der Dermalfläche.

3b Colossaler regulärer Vierstrahler der Dermalfläche. (Der Basal-Schenkel ist verkürzt, der Apical-Schenkel nach rechts und oben gebogen.)

3c Mittelgrosser Vierstrahler des inneren Mark-Parenchyms.

3d Mittelgrosser Dreistrahler des inneren Mark-Parenchyms.

3e Mittelkleiner sagittaler Dreistrahler der Gastralfläche.

Fig. 4. Leucandra stilifera (System p. 221).

4a Winzige Stabnadeln des Stäbchen-Mörtels des Füllgewebes.

4b Grosse sagittale Dreistrahler der Dermalfläche.

4c Colossaler Vierstrahler des Gerüstes.

4d—4f Mittelgrosse Vierstrahler des Gerüstes (4d rechtwinklig, 4e sagittal, 4f irregulär).

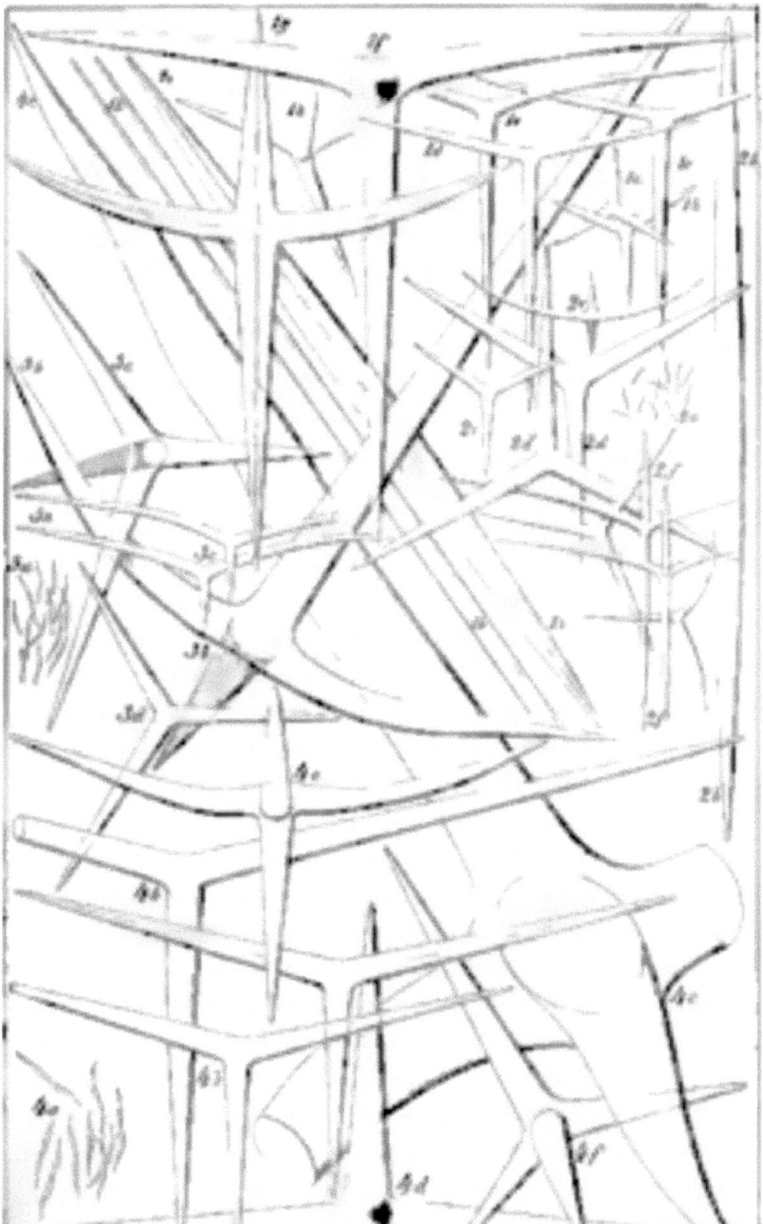

# Erklärung der Tafel 34.

### Familie: Leuconea.

## Genus: Leucandra.

Species:

L. Johnstonii. L. nivea. L. ochotensis.

(Spicula des Skelets.)

## Tafel 34

# Species des Genus Leucandra

Alle Figuren sind 100mal vergrössert

Fig. 1 **Leucandra Johnstonii** (System p. 214)

1a—1c Mittelgrosse Dreistrahler des Parenchyms (1a regulär, 1b sagittal, 1c irregulär)

1d Colossale sagittale Vierstrahler der Dermalfläche

1e Winzige kreuzförmige Vierstrahler der Canalflächen

1f Winzige pyramidale Vierstrahler des Stäbchen-Mörtels

1g Winzige Stabnadeln des Stäbchen-Mörtels

1h Kolossale lange Stabnadeln des Peristomen Kranzes an der Basis der Peristom-Krone

Fig. 2 **Leucandra nivea** (System p. 213)

2a Mittelgrosse reguläre Dreistrahler der Dermalfläche

2b Grosse subreguläre Dreistrahler des Mark-Parenchyms

2c Mittelgrosse subreguläre Dreistrahler der Fläche…

2d Winzige kreuzförmige Vierstrahler der Canalflächen

2e Winzige Stabnadeln des Stäbchen-Mörtels

Fig. 3 **Leucandra ochotensis** (System p. 221)

3a Mittelgrosse sagittale Dreistrahler der Dermalfläche

3b Colossale sagittale Vierstrahler des Gastrals

3c Mittelgrosse irreguläre Vierstrahler des Parenchyms

3d Winzige kreuzförmige Vierstrahler der Canalflächen

3e Winzige Stabnadeln des Stäbchen-Mörtels

3f Colossale lineare Stabnadeln (Pfeilnadeln) der dermalen Kette

Taf. 31

# Erklärung der Tafel 35.

Familie: Leucones.

## Genus: Leucandra.

Species.

Leucandra aspera

(Polymorphose.)

## Tafel 35

### Leucandra aspera (System p. 191)

Alle Figuren in natürlicher Grösse.

Fig. 1. **Dyssycus asper** (1 *A* Aeussere Ansicht. 1 *B* Längsschnitt.) Eine solitäre Person mit nackter Mundöffnung.

Fig. 2. **Dyssyconella aspera** (2 *A* Aeussere Ansicht. 2 *B* Längsschnitt.) Eine solitäre Person mit rüsselförmiger Mundöffnung.

Fig. 3. **Dyssycarium asperum** (3 *A* Aeussere Ansicht. 3 *B* Längsschnitt.) Eine solitäre Person mit bekränzter Mundöffnung.

Fig. 4. **Lipostomella aspera** (4 *A* Aeussere Ansicht. 4 *B* Längsschnitt.) Eine solitäre Person ohne Mundöffnung.

Fig. 5. **Amphoriscus asper.** Ein Stock mit lauter nacktmündigen Personen.

Fig. 6. **Amphorula aspera.** Ein Stock mit lauter rüsselmündigen Personen.

Fig. 7. **Amphoridium asperum** (7 *A* Aeussere Ansicht. 7 *B* Längsschnitt.) Ein Stock mit lauter kranzmündigen Personen.

Fig. 8. **Aphroceras asperum** (8 *A* Aeussere Ansicht. 8 *B* Längsschnitt.) Ein Stock ohne Mundöffnungen.

Fig. 9. **Leucometra aspera** (9 *A* Aeussere Ansicht. 9 *B* Längsschnitt.) Ein Stock, dessen Personen verschiedene Genera des künstlichen Systems repräsentiren. Links oben 4 nacktmündige Personen (*Dyssycus*), links unten 2 kranzmündige Personen (*Dyssycarium*), rechts oben 2 rüsselmündige Personen (*Dyssyconella*) und rechts unten 4 mundlose Personen (*Lipostomella*).

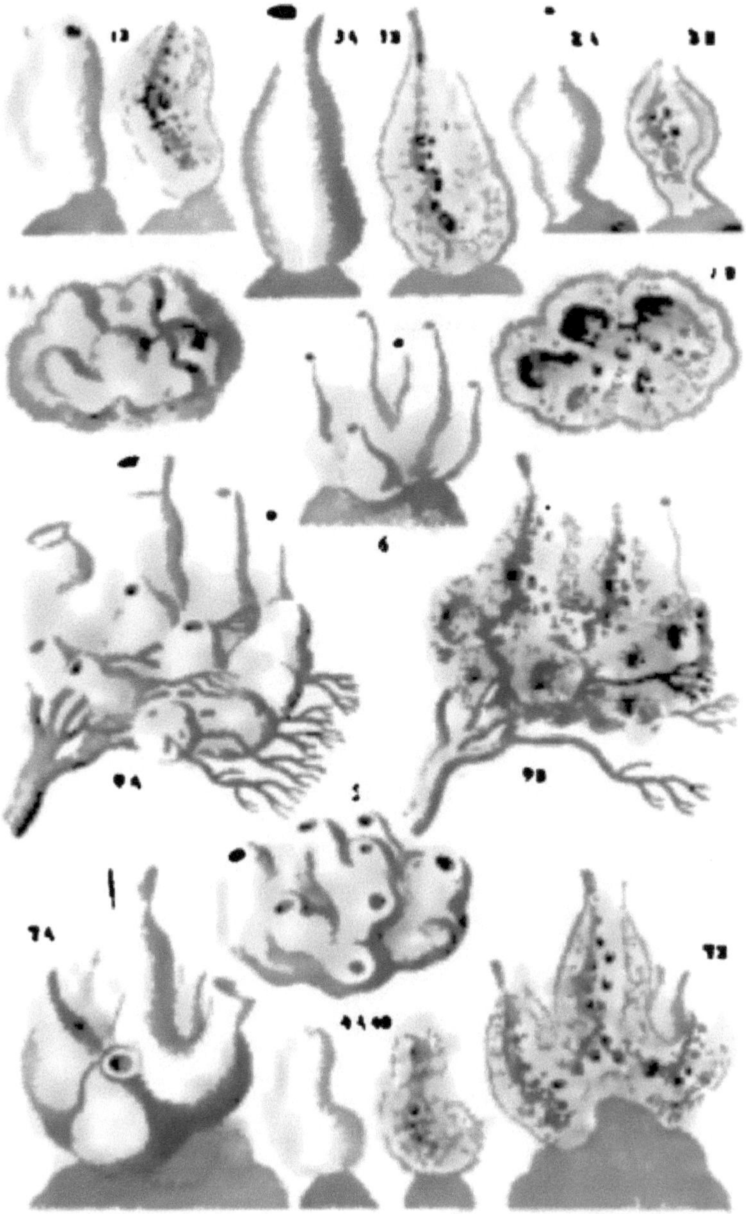

# Erklärung der Tafel 36.

### Familie: Leucones.

## Genus: Leucandra.

Species

L. cucumis L. aspera

(Anatomie.)

## Tafel 36.

Fig 1—3. *Leucandra caminus* (System p. 213).

Fig 1. Eine Person mit nackter Mundöffnung (*Sycurus* [illegible]). Vergr 3.

Fig 2. Eine Person mit rüsselförmiger Mundöffnung (*Sycocystis* [illegible]). Die vordere Magenwand ist grösstentheils durch einen Längsschnitt weggenommen, um die Structur der Magenwand und die Gastral-Ostien der Magenhöhle zu zeigen. *f* Rüssel. *o* Obere Oeffnung desselben. *h* Dermalfläche. *c* Subdermal-Höhlen des Gastrocanal-Systems („Intercanal-Höhlen"). *w* Magenwand. *m* Magenhöhle. Vergr 4.

Fig 3. Querschnitt durch die [illegible] Magenwand von derselben Person. *h* Dermalfläche. *c* Subdermale Höhlen des Gastrocanal-Systems. *r* Kleinere Höhlen des Gastrocanal-Systems im Mark-Parenchym. *g* Gastralfläche. Vergr 20.

Fig 4—6. *Leucandra aspera* (System p. 191).

Fig 4. Eine Person ohne Mundöffnung (*Lipostomella aspera*). Natürliche Grösse.

Fig 5. Eine kleine Person mit behaarter Mundöffnung (*Sycophorum asperum*). Diese Person ist von Neapel und gehört zu der speciellen Varietät [illegible] (System p. 192). Sie ist in der vorderen Hälfte durch einen Längsschnitt geöffnet, um die Structur der Magenwand und die Gastralfläche zu zeigen. Der Peristom-Kranz ist bei dieser Person grossentheils [illegible]. Vergr 10.

Fig 6. Querschnitt durch die Person Fig 5 unterhalb des Peristom-Kranzes. In die Magenhöhle (*v*) springen die Apical-Schenkel der gastralen Vierstrahler vor (*d*). Im Parenchym der Magenwand sind die Geisselkammern (*c*) deutlich sichtbar. Vergr 10.

Taf. 70.

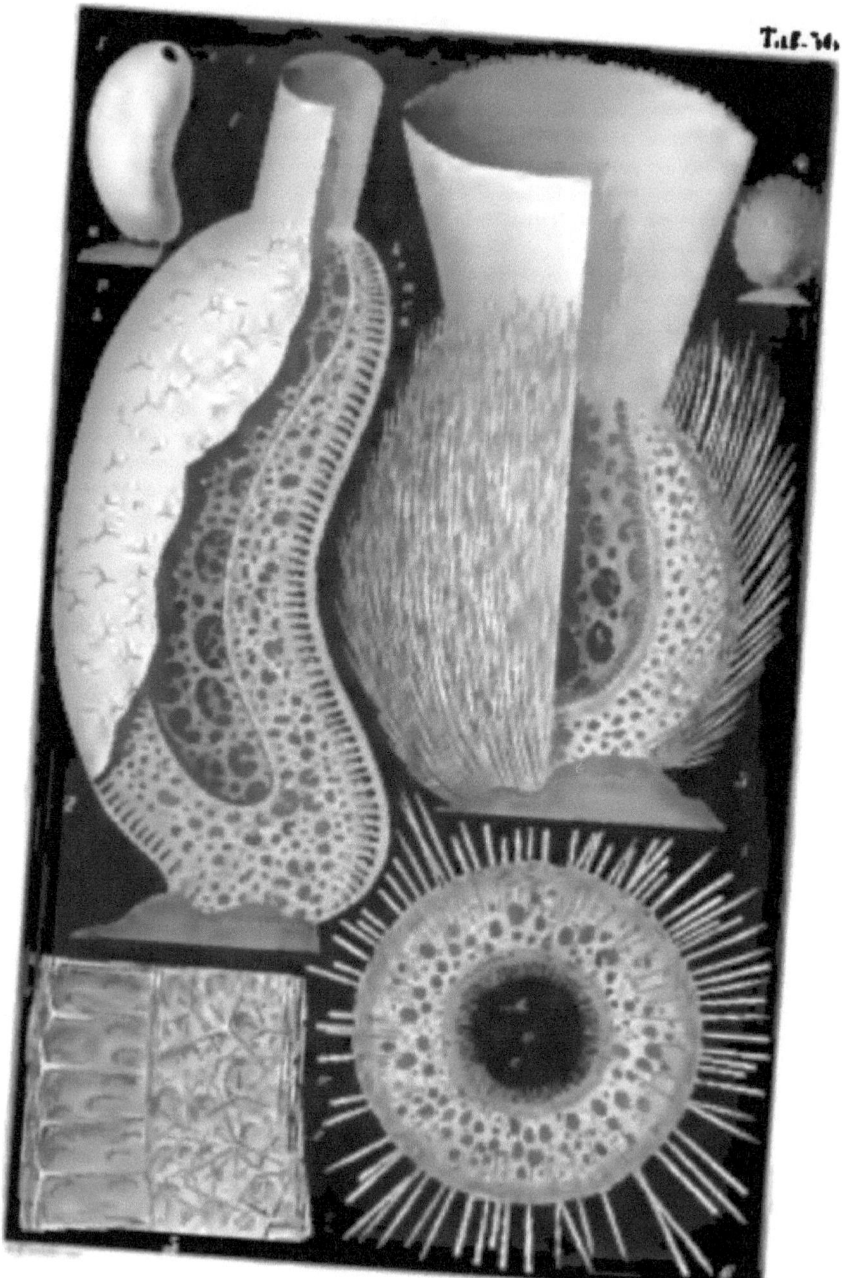

# Erklärung der Tafel 32.

## Familie: Leucones.

# Genus: Leucandra.

### Species

L. lunulata  L. cataphracta  L. alcicornis  L. caminus.
L. crambessa  L. Gossei

(Repräsentanten verschiedener Leucon-Genera des künstlichen Systems.)

## Tafel 27

Fig. 1. **Sycurus [illegible]** (System p. 180). Eine solitäre Person mit nackter Mundöffnung, durch einen Längsschnitt halbirt, um die regelmässig bogenförmigen Magenwände zu zeigen. Vergrösserung 4.

Fig. 2. **Syconusa [illegible]** (System p. 200). Eine solitäre Person mit nackter Mundöffnung, durch einen Längsschnitt halbirt. Vergr. 4.

Fig. 3. **Coenostomus [illegible]** (System p. 201). 3A Äussere Ansicht. 3B Querschnitt. Ein Stock mit einer einzigen gemeinsamen Mundöffnung. Natürliche Grösse.

Fig. 4. **Artynas [illegible]** (System p. 184). Ein Stock, dessen zahlreiche, vielfach verwachsene Personen sich gruppenweise durch gemeinsame nackte Mündungen öffnen. Natürliche Grösse.

Fig. 5. **Coenostomella communis** (System p. 175). 5A Äussere Ansicht. 5B Längsschnitt. Ein Stock mit einer einzigen gemeinsamen rüsselförmigen Mundöffnung. Vergrösserung 4.

Fig. 6. **Artynella [illegible]** (System p. 179). Ein Stock, dessen Personen sich gruppenweise durch gemeinsame rüsselförmige Mündungen öffnen. Natürliche Grösse.

Fig. 7. **Coenostomium [illegible]** (System p. 182). 7A Äussere Ansicht. 7B Querschnitt. Ein Stock mit einer einzigen gemeinsamen bekränzten Mundöffnung. Natürliche Grösse.

Fig. 8. **Artynium [illegible]** (System p. 182). Ein Stock, dessen zahlreiche, vielfach verwachsene und anastomosirende Personen sich gruppenweise durch gemeinsame bekränzte Mündungen öffnen. Natürliche Grösse.

Fig. 9. **Aphroceras Gossei** (System p. 177). 9A Äussere Ansicht. 9B Längsschnitt. Der cormale Stock ist aus zwei verwachsenen Personen zusammengesetzt, welche nicht allein ihre Mundöffnung, sondern auch ihre Magenhöhle durch secundäre Obliteration verloren haben. Vergrösserung 2.

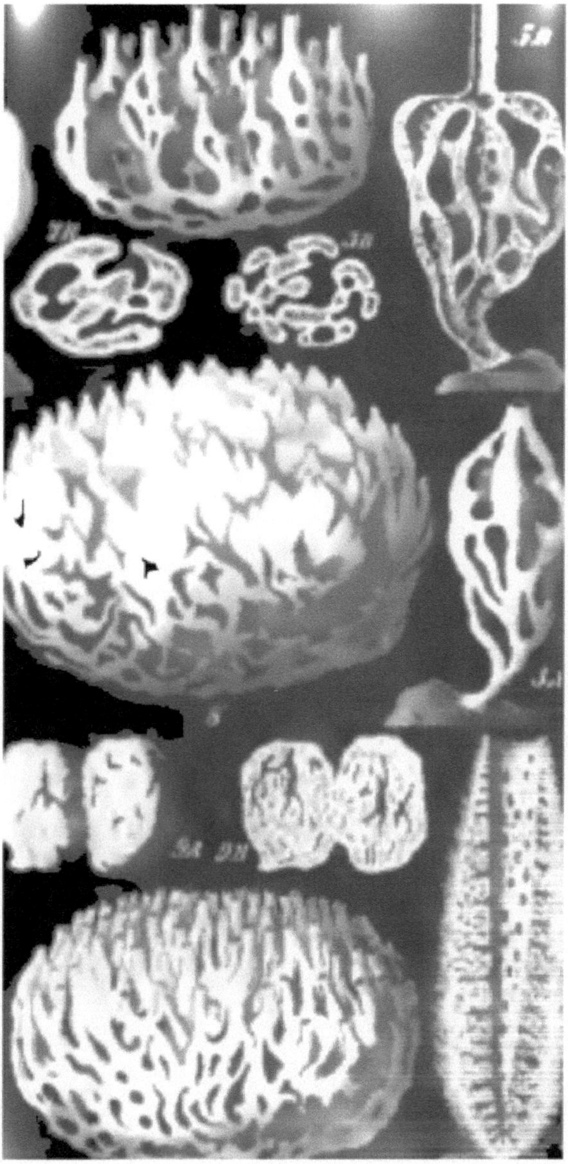

# Erklärung der Tafel 38.

Familie: Leucones.

## Genus: Leucandra.

Species:

L. bomba. L. saccharata.

(Anatomie.)

## Tafel 36

Fig. 1—6. Leucandra bomba (System p. 209).

Fig. 1. Eine solitäre Person mit rüsselförmiger Mundöffnung (*[illegible]*). Die vordere Magenwand ist durch einen Längsschnitt grösstentheils entfernt, um die Magenhöhle und auf dem Durchschnitt der Magenwand die baumförmig verästelten Canäle zu zeigen. Vergrösserung 3.

Fig. 2. Ein Stückchen Dermalfläche mit mehreren Hautporen. Der Stäbchen-Mantel, welcher die dermalen Dreistrahler verhüllt, ist nur schwach angedeutet. Vergr. 200.

Fig. 3. Einige Stäbchen des dermalen Stäbchen-Mantels. Vergr. 1000.

Fig. 4. Vier colossale longitudinale Stabnadeln aus der dermalen Basis des Rüssels. Vergr. 100.

Fig. 5. Stück der Gastralfläche des Rüssels, aus parallelen sagittalen Vierstrahlern gebildet. Vergr. 100.

Fig. 6. Schnitt durch das Mark-Parenchym der Magenwand. Mehrere Radial-Canäle sind quer durchschnitten. Die Apical-Schenkel der Vierstrahler, welche die Canalfläche bekleiden, springen gerade und radial gegen die Axe des Canal-Lumens vor. Vergrösserung 100.

Fig. 7—14. Leucandra crambessa (System p. 224).

Fig. 7. Eine Person mit nackter Mundöffnung (*[illegible]*). Natürliche Grösse.

Fig. 8. Eine andere nacktmündige Person im Längsschnitt. Natürliche Grösse.

Fig. 9. Eine Person ohne Mundöffnung (*[illegible]*). Natürliche Grösse.

Fig. 10. Eine andere mundlose Person im Längsschnitt. Natürliche Grösse.

Fig. 11. Ein Stock mit lauter nacktmündigen Personen (*[illegible]*). Natürliche Grösse.

Fig. 12. Ein Stock ohne Mundöffnungen (*Aphroceras [illegible]*). Die Magenhöhlen der Personen sind theilweise durch Längsschnitte geöffnet. Natürliche Grösse.

Fig. 13. Einige Stäbchen des Stäbchen-Mantels. Vergr. 700.

Fig. 14. Gastralfläche einer Parenchymstrecke zwischen zwei Gastral-Ostien. Der obere gerade Rand der Figur ist ein Segment von der Peripherie eines grösseren, der untere schwach gekrümmte Rand ist ein Stück von der Peripherie eines kleineren Gastral-Ostiums. Vergr. 200.

Taf. 35

## Erklärung der Tafel 39.

### Familie: Leucones.

# Genus: Leucandra.

Species:

Leucandra nivea

(Amphoriscus-Form.)

## Tafel 39

### Leucandra nivea (System p. 211)

Die Figur stellt in natürlicher Grösse eine ganz flache Schieferplatte dar, welche mit Personen und Stöcken von *Leucandra nivea* bedeckt ist. Ich fand diese und zahlreiche ähnliche Schieferplatten in der Gothe-Bucht bei [illegible], an der Küste der norwegischen Insel Gis-Oe. Der schneeweisse Kalkschwamm bildet ganz flache dünne Krusten, welche in Gestalt unregelmässiger Flecke über die ebene Steinplatte zerstreut sind. Die kleineren Flecke zeigen nur eine einzige oder gar keine Mundöffnung und werden durch solitäre [illegible] Personen (*[illegible]*) oder mundlose Personen (*[illegible]*) gebildet. Die grösseren Flecke sind aus mehreren Personen zusammengesetzt und wohl meistens durch secundäre Verwachsung von vielen [illegible], ursprünglich getrennten Personen entstanden (*Amphoriscus*). Einige kleinere Stöcke sind auch blos aus mundlosen Personen zusammengesetzt (*[illegible]*). Zwischen und unter den Stöcken der *Leucandra* sind auf der Schieferplatte noch krustenartige Stöcke von [illegible] Ascidien (*[illegible]*, [illegible] Krusten), Cirripedien (Balanen), Röhrenwürmer (Serpula) und andere kleine Seethiere angesiedelt. Alle werden aber von dem Kalkschwamm überwuchert. Natürliche Grösse.

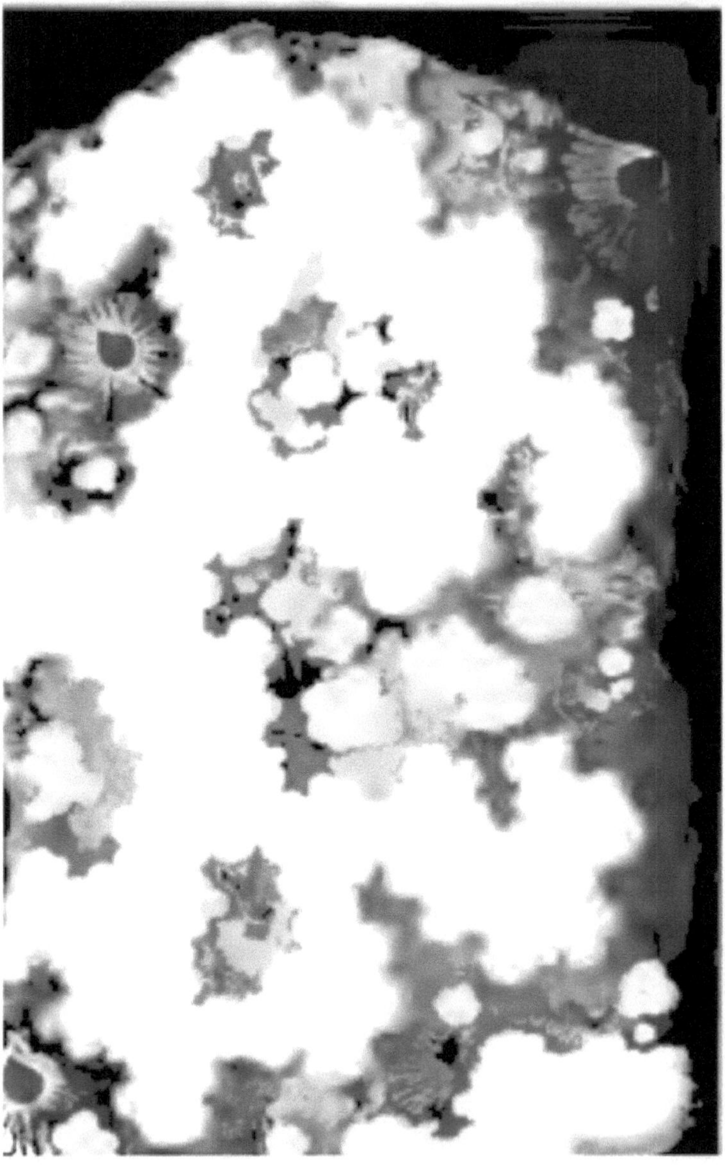

## Erklärung der Tafel 40.

Familie: Leuconen.

# Genus: Leucandra.

Species

L. ananas   L. bomba   L. fistulosa   L. stilifera

(Schema des Gastrocanal-Systems bei den verschiedenen Typen der Leuconen.)

# Tafel 40

## Canal-System der Leuconen.

Schematische Darstellung der verschiedenen Verhältnisse des Gastrocanal-Systems, und namentlich der Ramal-Canäle bei den Leuconen. Fig. 1—7 sind schematische Längsschnitte, durch die ganze Längsaxe einer Person geführt. Fig. 8–11 sind schematische Querschnitte, senkrecht auf der Längsaxe. Die grosse schwarze centrale Höhle ist überall die Magenhöhle. Das Exoderm ist durch blaue, das Entoderm durch rothe, und die Hohlräume des Gastrocanal-Systems durch schwarze Farbe bezeichnet.

Fig. 1–8. **Leucandra ananas** (Ontogenie).

Fig. 1. Flimmernde Larve ohne Mundöffnung (*Planula*). Längsschnitt.

Fig. 2. Flimmernde Larve mit Mundöffnung (*Gastrula*). Längsschnitt.

Fig. 3. Erstes Stadium der festsitzenden jungen Leucon (*Olynthus*). Längsschnitt.

Fig. 4. Primitive Leucon-Form (*Dyssycus*). Die Radialtuben der verdickten Magenwand verästeln sich und bilden sich in verästelte Canäle um. Längsschnitt.

Fig. 5. *Dyssycus*, weitere Ausbildung, die Canäle der Magenwand beginnen sich zu verästeln. Noch sind die Magenhöhle und die Canäle mit Entoderm ausgekleidet. Längsschnitt.

Fig. 6. *Dyssycus*, weitere Entwickelung, die verästelten Radial-Canäle beginnen sich zu erweitern und Geisselkammern zu bilden, das Entoderm ist in der Magenhöhle verschwunden und zieht sich in die Geisselkammern zurück.

Fig. 7. *Dyssycus ananas*, völlige Entwickelung der Ramal-Canäle und ihrer Geisselkammern. Längsschnitt.

Fig. 8. Querschnitt des *Dyssycus ananas* (Fig. 7). Traubenförmiger Typus des Astcanal-Systems. Die Geisselkammern sitzen an den verästelten Canälen, wie die Beeren einer traubenförmigen Drüse an den Ausführgang.

Fig. 9. **Leucandra bomba.** Baumförmiger Typus des Astcanal-Systems. Querschnitt durch einen *Dyssycus*. Die Ramal-Canäle verästeln sich dichotomisch gegen die Peripherie, ohne sich zu „Geisselkammern" zu erweitern, und ohne zu anastomosiren, sie sind überall mit Entoderm ausgekleidet.

Fig. 10. **Leucandra [illegible].** Blasenförmiger Typus des Astcanal-Systems (Querschnitt eines *Dyssycus*). Die Ramal-Canäle bilden weite blasenförmige Anschwellungen, blasenförmige Geisselkammern, welche [illegible], das Entoderm kleidet [illegible] aus.

Fig. 11. **Leucandra [illegible].** Netzförmiger Typus des Astcanal-Systems. (Querschnitt eines *Dyssycus*.) Die *Ramal-Canäle* anastomosiren allenthalben durch sehr zahlreiche Äste und bilden ein engmaschiges Netz. Das Entoderm kleidet fast das ganze Canalnetz aus.

---

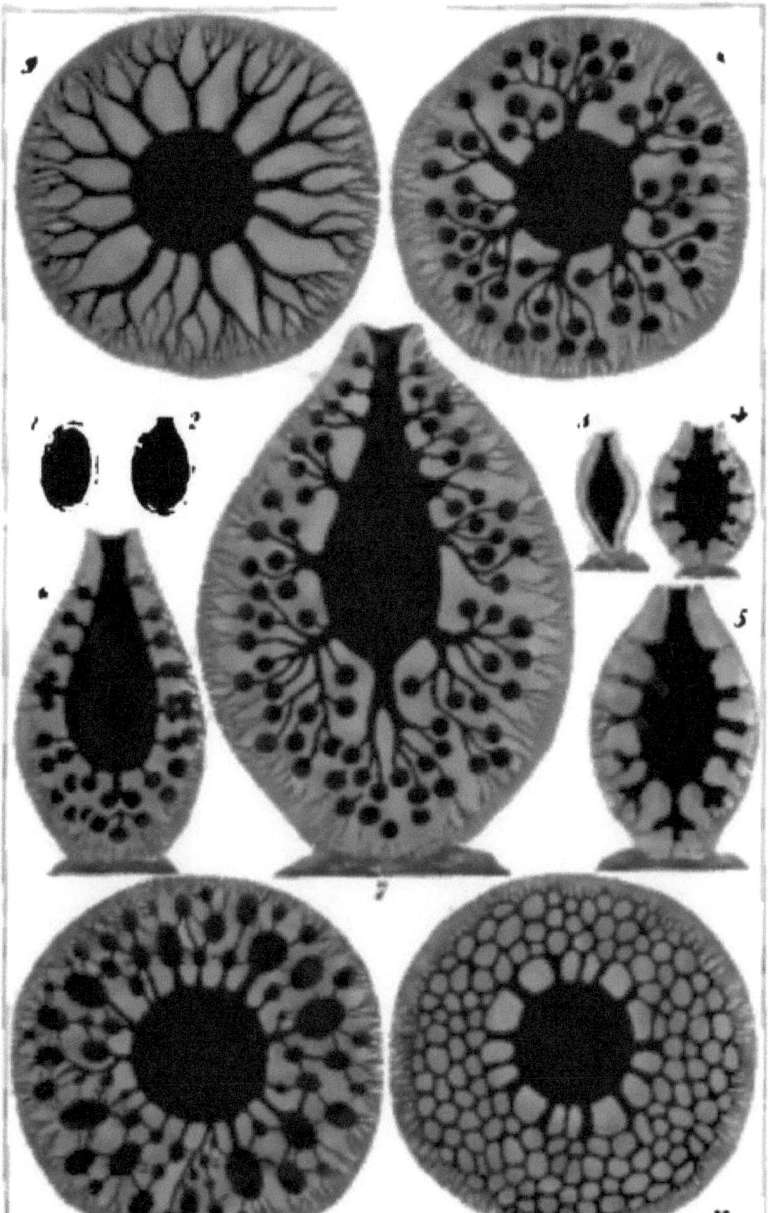
9
8
1
2
3
4
6
5
7
10
11

# Erklärung der Tafel 41.

Familie: Sycones.

## Genus: Sycetta.

Species:

*Sycetta primitiva.*

(Anatomie.)

## Tafel 41

## Sycetta primitiva (System p. 237)

Fig. 1. Eine solitäre Person mit nackter Mundöffnung (*Sycarium primitivum*). Aus der vorderen Magenwand (w) ist ein grosses viereckiges Stück ausgeschnitten, um die weite Magenhöhle (v) und an deren Gastralfläche die Gastral-Ostien (m) der Radial-Tuben (r) zu zeigen. *o* Dermal-Ostien der Radial-Tuben. *s* Mundöffnung. Vergrösserung 20.

Fig. 2. Querschnitt der Fig. 1. *v* Magenhöhle. *w* Magenwand. *r* Radial-Tuben. Vergrösserung 20.

Fig. 3. Ein einzelner Radial-Tubus, äussere Ansicht. *e* Dermalfläche (Exoderm). *p* Hautporen. *t* Dreistrahler. *s* Dermal-Ostium des Tubus. Vergr. 200.

Fig. 4. Ein einzelner Radial-Tubus im Längsschnitt, innere Ansicht der Tubus-Wand. *e* Exoderm. *i* Entoderm. *g* Eier. *p* Hautporen. *o* Dermal-Ostium des Tubus. Vergr. 200.

Fig. 5. Entwickelte reguläre Dreistrahler. Vergr. 300.

Fig. 6. Jüngere Entwicklungsstufen der regulären Dreistrahler. Vergr. 300.

Fig. 7. Schnitt durch einen Porus (p) der Tubus-Wand. *e* Exoderm. *d* Kerne desselben. *i* Geisselzellen des Entoderm. Vergr. 1000.

Fig. 8. Ein Stückchen Exoderm mit einem Hautporus. Der Kalk der Spicula ist durch Behandlung mit Essigsäure entfernt. *e* Syncytium. *es* Spicula-Scheiden. *d* Kerne des Exoderm. Vergr. 300.

Fig. 9. Ein Stückchen Entoderm. *i* Geisselzellen. *g* Eier. *e* Das darunter liegende Exoderm. Vergr. 300.

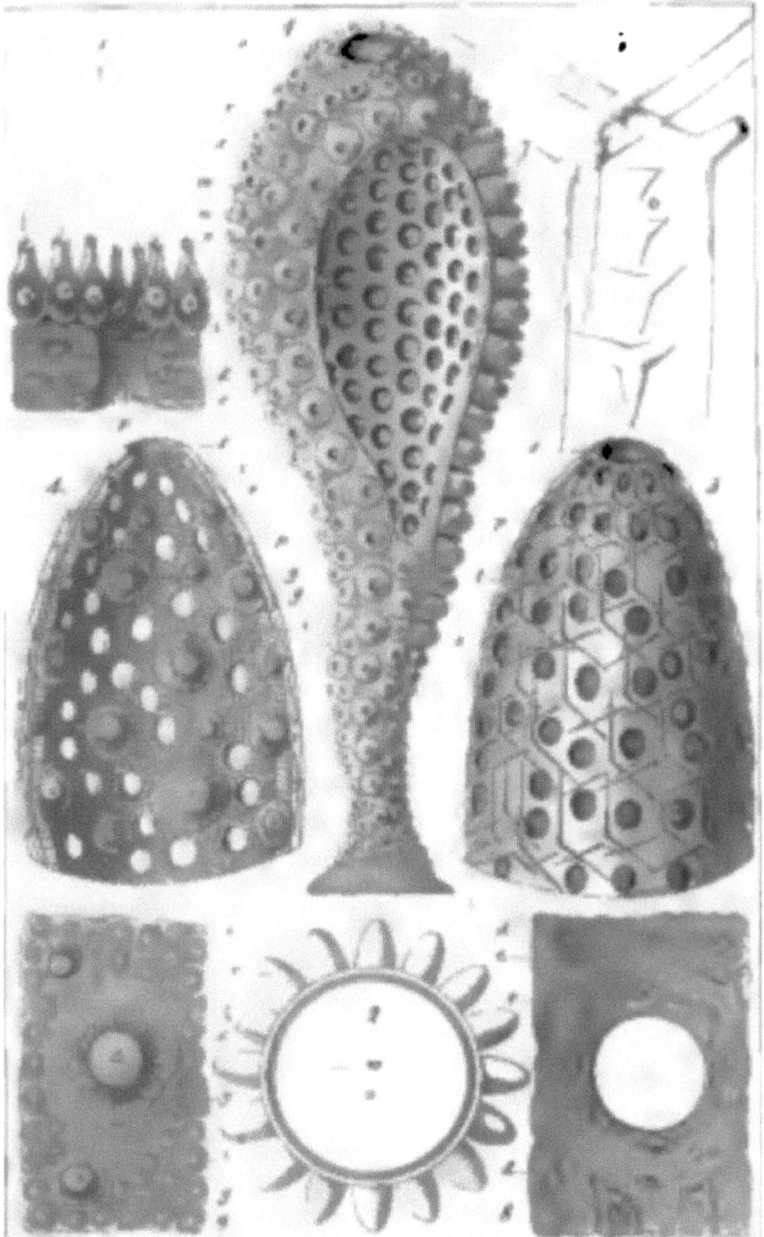

E. Haeckel del.

# Erklärung der Tafel 42.

## Familie: Sycones

# Genus: Sycetta.

Species

S. sagittifera  S. strobilus  S. cupula  S. stauridia

(Anatomie.)

## Tafel 42.

Fig. 1—4. **Sycetta sagittifera** (System p. 240).

Fig. 1. Eine einzelne Person mit nackter Mundöffnung (*Sycurus sagittifer*). Vergr. 3.

Fig. 2. Zwei einzelne Radial-Tuben derselben, frei aus der Dermalfläche des Magenschlauchs vortretend. Auf der äusseren Fläche des letzteren sind die Gastral-Ostien der beiden Tuben sichtbar. Vergr. 100.

Fig. 3, 4. Drei sagittale gastrale Dreistrahler. Vergr. 100.

Fig. 5—8. **Sycetta strobilus** (System p. 241).

Fig. 5. Eine einzelne Person mit nackter Mundöffnung (*Sycurus strobilus*). Vergr. 10.

Fig. 6. Sechs Radial-Tuben derselben, von sechsseitig-prismatischer Form, dazwischen (?) dreiseitig-prismatische Intercanäle. *d* Dermal-Ostien der Tuben. Vergr. 100.

Fig. 7. Zwei sagittale dermale Dreistrahler. Vergr. 100.

Fig. 8. Ein regulärer gastraler Dreistrahler. Vergr. 100.

Fig. 9—12. **Sycetta cupola** (System p. 243).

Fig. 9. Eine einzelne Person mit nackter Mundöffnung (*Sycurus cupola*). Vergr. 6.

Fig. 10. Sechs Radial-Tuben derselben, von achtseitig prismatischer Form, dazwischen vierseitig prismatische Intercanäle (?). *d* Dermal-Ostien der Tuben. Vergr. 100.

Fig. 11. Zwei sagittale dermale Dreistrahler. Vergr. 100.

Fig. 12. Ein regulärer gastraler Dreistrahler. Vergr. 100.

Fig. 13—16. **Sycetta stauridia** (System p. 243).

Fig. 13. Ein kranzförmiger Stock mit sieben verschiedenen Personen (*Sycothamnus stauridia*). Vergr. 2.

Fig. 14. Vier Radial-Tuben derselben, von irregulär prismatischer Form, völlig verwachsen, ohne Intercanäle. *d* Dermal-Ostien der Tuben. *p* Centripetaler Basal-Schenkel der subdermalen Dreistrahler. *f* Centrifugaler Basal-Schenkel der subgastralen Dreistrahler. Vergr. 100.

Fig. 15. Zwei reguläre dermale Dreistrahler. Vergr. 100.

Fig. 16. Ein regulärer gastraler Dreistrahler. Vergr. 100.

Taf. 42.

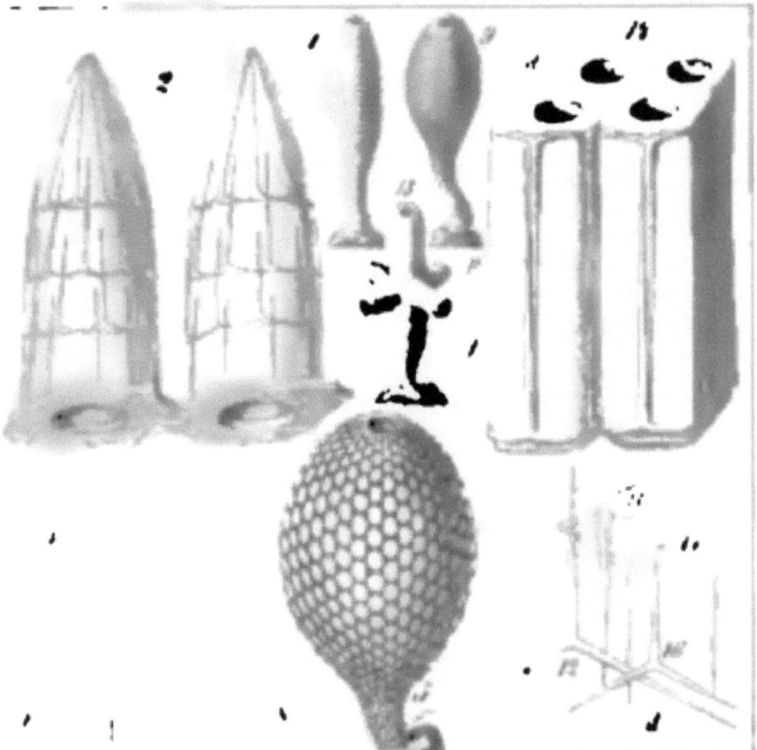

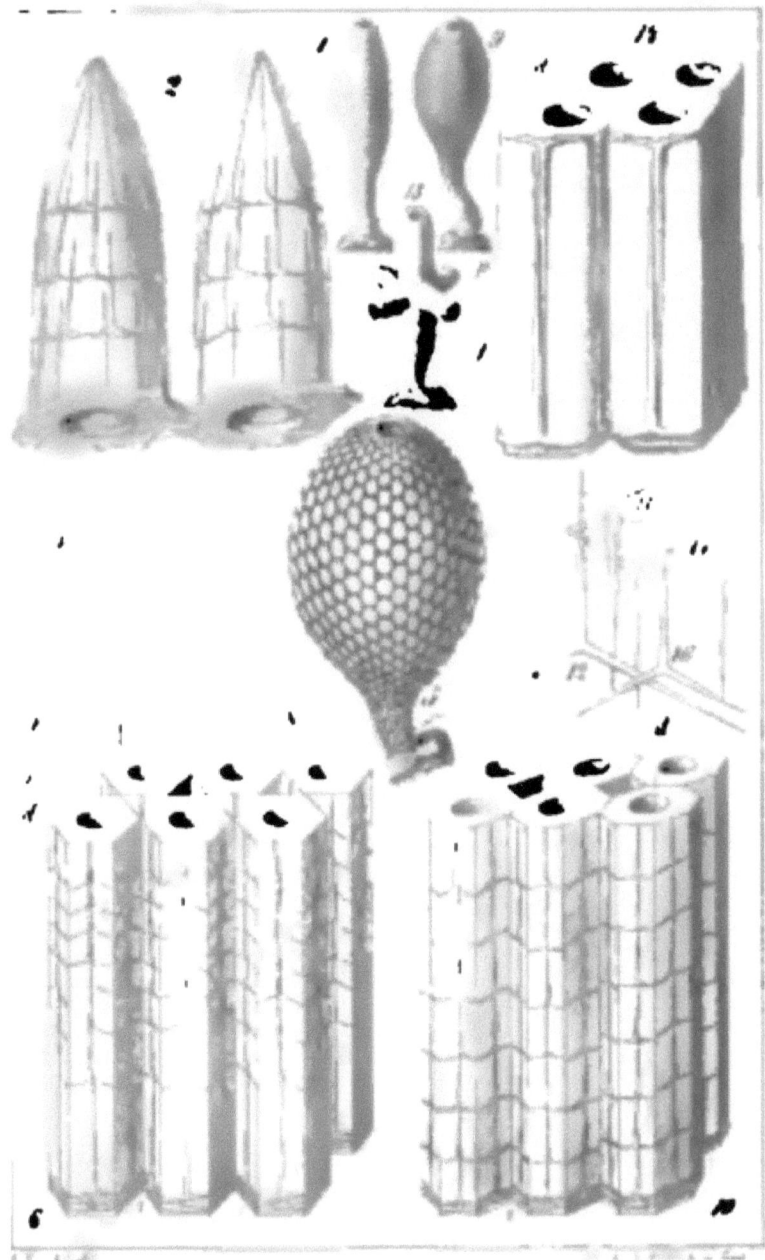

## Erklärung der Tafel 43.

### Familie: Syconen.

# Genus: Sycilla.

Species

S. cyathiscus. S. urna. S. cylindrus. S. chrysalis.

(Anatomie.)

# Tafel 43

Fig. 1—4. *Sycilla chrysalis* (System p. 264).

Fig. 1. Eine Person mit nackter Mundöffnung (*Syconusa chrysalis*). Vergr. 2.

Fig. 2. Längsschnitt durch die Magenwand derselben mit 3 Radial-Tuben (*r*). Unten ist die Dermalfläche (*h*), oben die Gastralfläche (*g*) im Profil sichtbar. *p* Poren. *d* Freie Apical-Schenkel der gastralen Vierstrahler. Vergr. 50.

Fig. 3. Hälfte eines Querschnitts durch die Mitte der Person. *r* Radial-Tuben. *o* Magenhöhle. Vergr. 15.

Fig. 4. Ein dermaler Vierstrahler. 1 Basal-Strahl. 2 und 3 Lateral-Strahlen. 4 Apical-Strahl. Vergr. 100.

Fig. 5—7. *Sycilla cylindrus* (System p. 264).

Fig. 5. Eine Person mit nackter Mundöffnung (*Syconusa cylindrus*). Natürliche Grösse.

Fig. 6. Längsschnitt durch die Magenwand derselben, mit 3 Radial-Tuben (*r*). Unten ist die Dermalfläche (*h*), oben die Gastralfläche (*g*) im Profil sichtbar. *h* Hautporen. *d* Freie Apical-Schenkel der gastralen Vierstrahler. Vergr. 50.

Fig. 7. Ein dermaler Vierstrahler. 1. Basal-Strahl. 2 und 3 Lateral-Strahlen. 4 Apical-Strahl. Vergr. 100.

Fig. 8—11. *Sycilla cyathiscus* (System p. 265).

Fig. 8. Eine Person mit nackter Mundöffnung (*Syconusa cyathiscus*). Vergr. 2.

Fig. 9. Längsschnitt durch die Magenwand derselben, mit 3 Radial-Tuben (*r*). Unten ist die Dermalfläche (*h*), oben die Gastralfläche (*g*) im Profil sichtbar. *p* Poren. *d* Freie Apical-Schenkel der gastralen Vierstrahler. Vergr. 50.

Fig. 10. Hälfte eines Querschnitts durch die Mitte der Person. *r* Radial-Tuben. *o* Magenhöhle. Vergr. 15.

Fig. 11. Ein dermaler Vierstrahler. 1 Basal-Strahl. 2 und 3 Lateral-Strahlen. 4 Apical-Strahl. Vergr. 100.

Fig. 12—14. *Sycilla urna* (System p. 267).

Fig. 12. Eine Person mit nackter Mundöffnung (*Syconusa urna*). Vergr. 2.

Fig. 13. Längsschnitt durch die Magenwand derselben mit 3 Radial-Tuben (*r*). Unten ist die Dermalfläche (*h*), oben die Gastralfläche (*g*) im Profil sichtbar. *a* Conjunctiv-Poren (Communications-Oeffnungen der Tuben). *d* Freie Apical-Schenkel der gastralen Vierstrahler. Vergr. 80.

Fig. 14. Ein dermaler Vierstrahler. 1 Basal-Strahl. 2 und 3 Lateral-Strahlen. 4 Apical-Strahl. Vergr. 75.

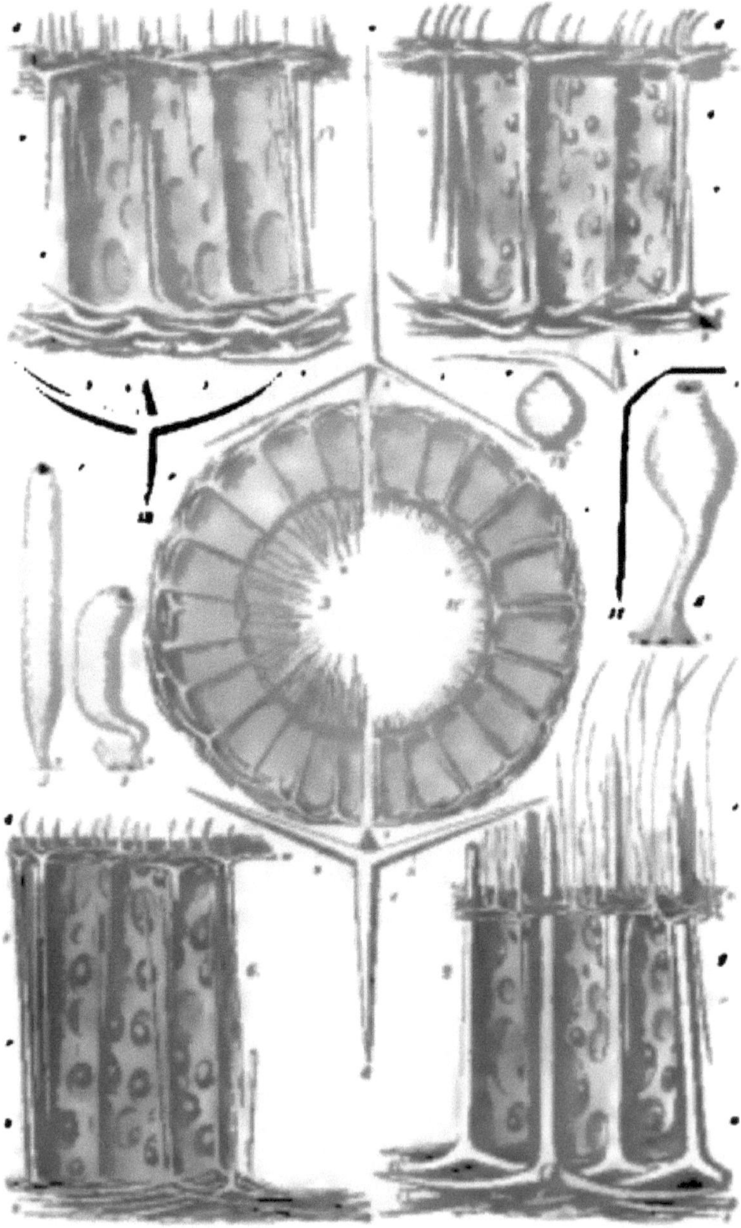

## Erklärung der Tafel 44.

### Familie: Sycones

# Genus: Sycyssa.

Species:

Sycyssa Huxleyi

(Anatomie und Ontogenie.)

## Tafel 44.

### Sycyssa Huxleyi (System p. 260).

Fig. 1. Eine solitäre Person mit behaarter Mundöffnung ([illegible]), durch einen Längsschnitt halbirt, um die Magenhöhle zu zeigen. In der Gastralfläche erblickt man die Längsreihen der Gastral-Ostien, welche regelmässig mit den longitudinalen Büscheln der subgastralen Stabnadeln alterniren; die Dermalfläche ist mit einem dichten Pelze von haarförmigen radialen Borsten bedeckt, über welchen die Spitzen der colossalen radialen Stabnadeln vorragen. Vergr. 10.

Fig. 2. Zwei einzelne Radial-Tuben (t), welche Embryonen (e) enthalten. g Die gastrale Schicht von dünnen Stabnadeln. b Die subgastrale Schicht von longitudinalen dicken Stabnadeln. c Die radialen colossalen Stabnadeln, welche aussen weit vorragen. d Die dermale Decke von feinen haarförmigen Stabnadeln. h Der epidermale Borstenpelz von haarfeinen radialen Stabnadeln. Vergr. 50.

Fig. 3. Eine amoeboide Eizelle, umherkriechend. Das hyaline Exoplasma hat sich ganz auf der einen Seite (rechts) angesammelt und bildet hier buckelige Vorsprünge. Vergrösserung 300.

Fig. 4—8. Reguläre Furchung. Fig. 4. Die ungetheilte Eizelle. Fig. 5. Zweitheilung derselben. Fig. 6. Viertheilung. Fig. 7. Stadium mit 8 Furchungszellen. Fig. 8. Stadium mit 16 Furchungszellen. Vergr. 300.

Fig. 9—13. Abnormitäten der regulären Furchung. Fig. 9. Stadium mit 3 Furchungszellen. Fig. 10. Stadium mit 5 Furchungszellen. Fig. 11. Stadium mit 6 Furchungszellen. Fig. 12. Stadium mit 7 Furchungszellen. Fig. 13. Stadium mit 12 Furchungszellen. Vergr. 300.

Fig. 14. Eine Flimmerlarve mit Magenhöhle und Mundöffnung (Gastrula) von der Aussenfläche. Oben im oralen Theile sind die dunkeln grossen Entoderm-Zellen in der Umgebung der Mundöffnung, unten im aboralen Theile die hellen kleinen Geisselzellen des Exoderms von der Fläche sichtbar. Vergr. 600.

Fig. 15. Dieselbe Flimmerlarve (Gastrula) im optischen Längsschnitt, um die Magenhöhle und Mundöffnung zu zeigen. Vergr. 600.

Fig. 16. Ein kleines Stück von der Magenwand der Flimmerlarve (Gastrula) in Fig. 14 und 15. Unten sind 3 grosse dunkle rundliche Entoderm-Zellen, oben 9 geisseltragende helle cylindrische Exoderm-Zellen sichtbar. Vergr. 1000.

Taf 11

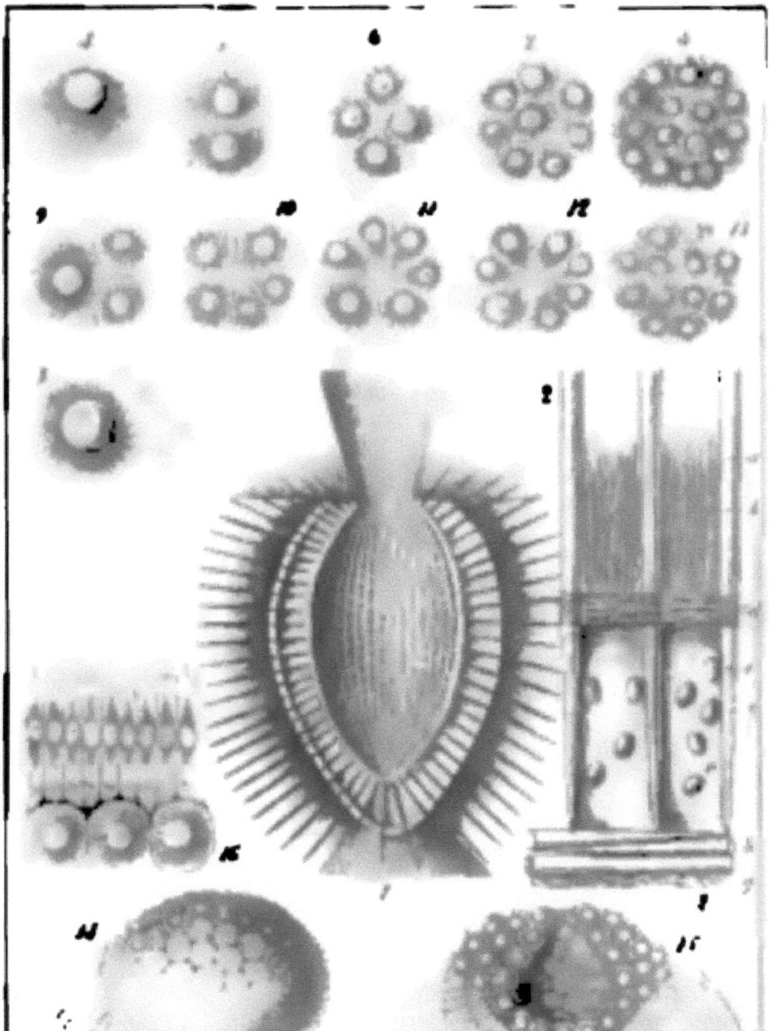

# Erklärung der Tafel 45.

Familie: Syconen

## Genus: Sycaltis.

Species

Sycaltis conifera

(Anatomie.)

# Tafel 45

Fig 1—3. **Sycaltis conifera** (System p. [illegible])

Fig 1. Eine einzelne Person mit nackter Mundöffnung (*Syconus conifer*). Aus der vorderen Körperwand ist ein grosses Stück ausgeschnitten, um in die Magenhöhle hineinzusehen, an deren Gastralfläche die Central-Ostien der Radial-Tuben sichtbar sind. Vergr. [illegible]

Fig 2. Ein einzelner Radial-Tubus. Zwischen den sagittalen Dreistrahlern des Kanalmundes die Nadelspitzen sichtbar. Vergr. 200.

Fig 3. Ein Stückchen Magenwand, von der Gastralfläche betrachtet. Zwischen den sagittalen Vierstrahlern sind die Central-Ostien von zwei Radial-Tuben sichtbar. Vergrösserung 200.

Fig 4—7. **Sycaltis glacialis** (System p. [illegible])

Fig 4. Eine einzelne Person mit nackter Mundöffnung (*Syconus glacialis*). Vergr. 2.

Fig 5. Stück eines Radial-Tubus. *a* Apical-Stachel der gastralen Vierstrahler [illegible]. *f* Centrifugale Basal-Schenkel der subgastralen Dreistrahler (*c*). *p* Centripetale Basal-Schenkel der subdermalen Dreistrahler (*t*). *d* Dermale Dreistrahler. Vergr. 100.

Fig 6. Ein Stückchen Magenwand, von der Gastralfläche betrachtet. Zwischen den sagittalen Vierstrahlern sind die Central-Ostien von 4 Radial-Tuben sichtbar. Vergr. 100.

Fig 7. Ein Stückchen Dermalfläche, mit 3 sagittalen Dreistrahlern. Vergr. 100.

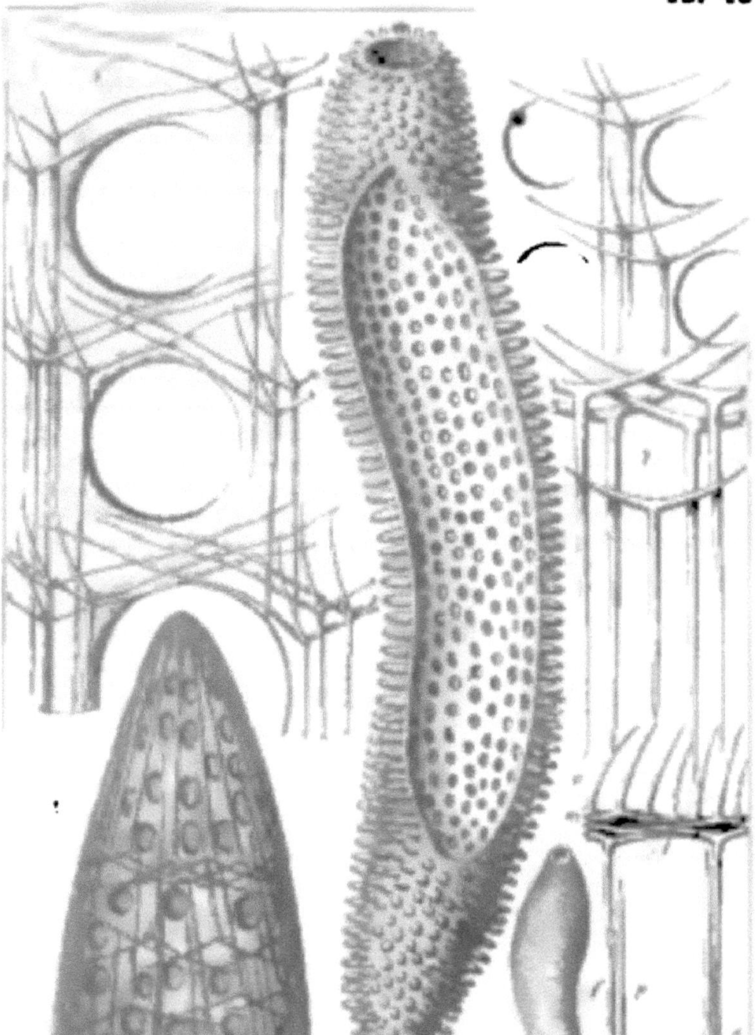

# Erklärung der Tafel 46.

## Familie: Sycones.

# Genus: Sycaltis.

Species:

Sycaltis perforata

(Anatomie.)

## Tafel 60

# Sycaltis perforata (System p. 264)

Fig. 1–5 sind 3mal, Fig. 6–9 sind 100mal vergrössert.

Fig. 1. Eine einzelne Person mit nackter Mundöffnung (*Sycurus perforatus*). Vergr. 3.

Fig. 2. Dieselbe Person im Längsschnitt. Vergr. 3.

Fig. 3. Ein Stock mit zwei verschiedenartigen Personen (*Sycothamnus perforatus*). Vergr. 3.

Fig. 4. Derselbe Stock im Längsschnitt. Vergr. 3.

Fig. 5. Ein Stock mit drei Personen (*Sycothamnus perforatus*). Vergr. 3.

Fig. 6. Ein Stück von der Gastralfläche, mit 3 ganzen und 2 halben Central-Ostien. Vergrösserung 100.

Fig. 7. Ein einzelner Radial-Tubus von aussen gesehen. Vergr. 100.

Fig. 8. Ein einzelner Radial-Tubus, der Länge nach aufgeschnitten. Vergr. 100.

Fig. 9. Ein Stück von der Dermalfläche, mit 6 Dermal-Ostien. Vergr. 100.

T.af

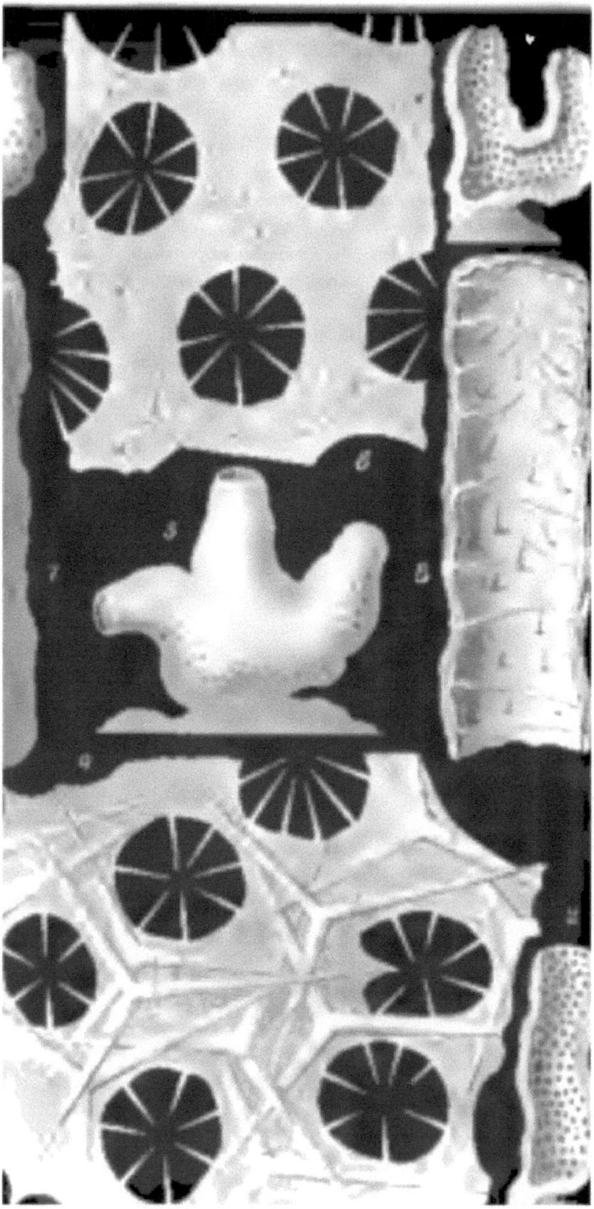

# Erklärung der Tafel 47.

Familie: Syconida.

## Genus: Sycaltis.

Species

S. ovipara. S. testipara.

(Anatomie.)

## Tafel 47.

Fig. 1, 2, 3 und 7 sind 2mal, die übrigen Figuren 70mal vergrössert.

Fig. 1–6. **Sycaltis testipara** (System p. 271).

Fig. 1. Eine einzelne Person mit nackter Mundöffnung (*Sycurus testiparus*). Vergr. 2.

Fig. 2. Dieselbe Person, der Länge nach aufgeschnitten, um die Magenhöhle und die Radial-Tuben zu zeigen. Vergr. 2.

Fig. 3. Ein aus vier [illegible] Personen zusammengesetzter Stock (*Sycothamnus testiparus*). Vergr. 2.

Fig. 4. Ein Stückchen der Magenfläche, mit 5 Gastral-Ostien. Vergr. 70.

Fig. 5. Zwei Radial-Tuben, von denen der eine 4, der andere 5 halbreife Eier enthält. Oben ist die Gastralfläche, unten die Dermalfläche im Profil sichtbar. Vergr. 70.

Fig. 6. Ein Stückchen Dermalfläche. Zwischen den Hautporen sind die kleinen dermalen Dreistrahler und darunter die Facial-Strahlen der grossen subdermalen Vierstrahler sichtbar. Vergr. 70.

Fig. 7–10. **Sycaltis ovipara** (System p. 276).

Fig. 7. Eine einzelne Person mit nackter Mundöffnung (*Sycurus oviparus*). Vergr. 2.

Fig. 8. Ein Stückchen der Magenfläche mit 4 Gastral-Ostien. Vergr. 70.

Fig. 9. Zwei Radial-Tuben, von denen der eine 6, der andere 4 halbreife Eier enthält. Oben ist die Gastralfläche, unten die Dermalfläche im Profil sichtbar. Vergrösserung 70.

Fig. 10. Ein Stückchen Dermalfläche. Zwischen den Hautporen sind die kleinen dermalen Dreistrahler und darunter die Facial-Strahlen der grossen subdermalen Vierstrahler sichtbar. Vergr. 70.

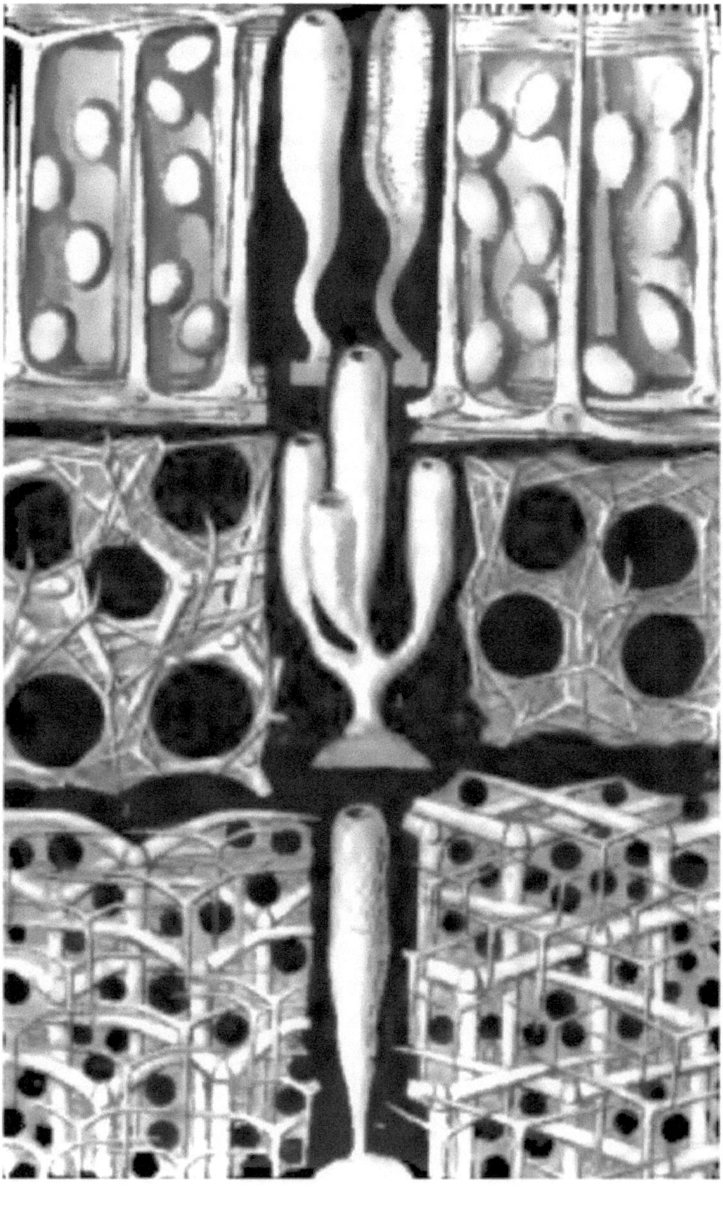

# Erklärung der Tafel 18.

## Familie: Syconen.

# Genus: Sycortis.

Species

S. lingua. S. quadrangulata.

(Anatomie.)

## Tafel 49.

Fig. 1, 2. **Sycortis [illegible]** (System p. [illegible])

Fig. 1. Ein einzelner Radial-Tubus (t) mit seinem Skelet. g Gastrale Basis desselben. d Distaler Conus desselben. s Bündel von Stabnadeln, auf dem Distal-Conus aufsitzend. Vergl. [illegible]

Fig. 2. Ein Stückchen der Gastralfläche, mit den elliptischen Gastral-Ostien von zwei Radial-Tuben. Vergl. [illegible]

Fig. 3–10. **Sycortis quadrangulata** (System p. [illegible])

Fig. 3. Ein einzelner Radial-Tubus (t) mit seinem Skelet. g Gastrale Basis desselben. d Distaler Conus desselben. s Bündel von Stabnadeln, auf dem Distal-Conus aufsitzend. Vergl. [illegible]

Fig. 4. Ein Stückchen der Gastralfläche, mit den kreisrunden Gastral-Ostien von mehreren Radial-Tuben. Vergl. [illegible]

Fig. 5. Querschnitt durch eine dreistrahlige Stabnadel, um die Zusammensetzung derselben aus dünnen concentrischen Lamellen zu zeigen. Vergl. [illegible]

Fig. 6. Eine Planula, welche von zahlreichen Spermazellen befruchtet wird. Vergl. [illegible]

Fig. 7. Drei einzelne Spermazellen. Vergl. [illegible]

Fig. 8. Querschnitt durch zwei benachbarte Radial-Tuben (senkrecht auf deren radialer Axe). Die Kalkerde der Spicula ist durch Essigsäure entfernt. e Exoderm. c Geisselzellen des Entoderm. s Samenzellen (Sperma-Mutterzellen?). g Eier. Vergl. [illegible]

Fig. 9. Querschnitt durch eine einzelne cylindrische Person (Sycortis quadrangulata). Der dunkle schmale Ring, welcher den kreisrunden Querschnitt der Magenhöhle (c) umgrenzt, ist das geschichtete Gastral-Skelet (g). Am Distal-Conus jedes Radial-Tubus ist ein Bündel von wenigen dermalen Stabnadeln sichtbar. Vergl. [illegible]

Fig. 10. Ein junger regulärer Dreistrahler aus der Gastralfläche, bedeckt, mit zahllosen, äusserst feinen und senkrecht abstehenden Fäden (Pseudopodien eines dünnen Sarcodine-Ueberzuges?) bedeckt. Vergl. [illegible]

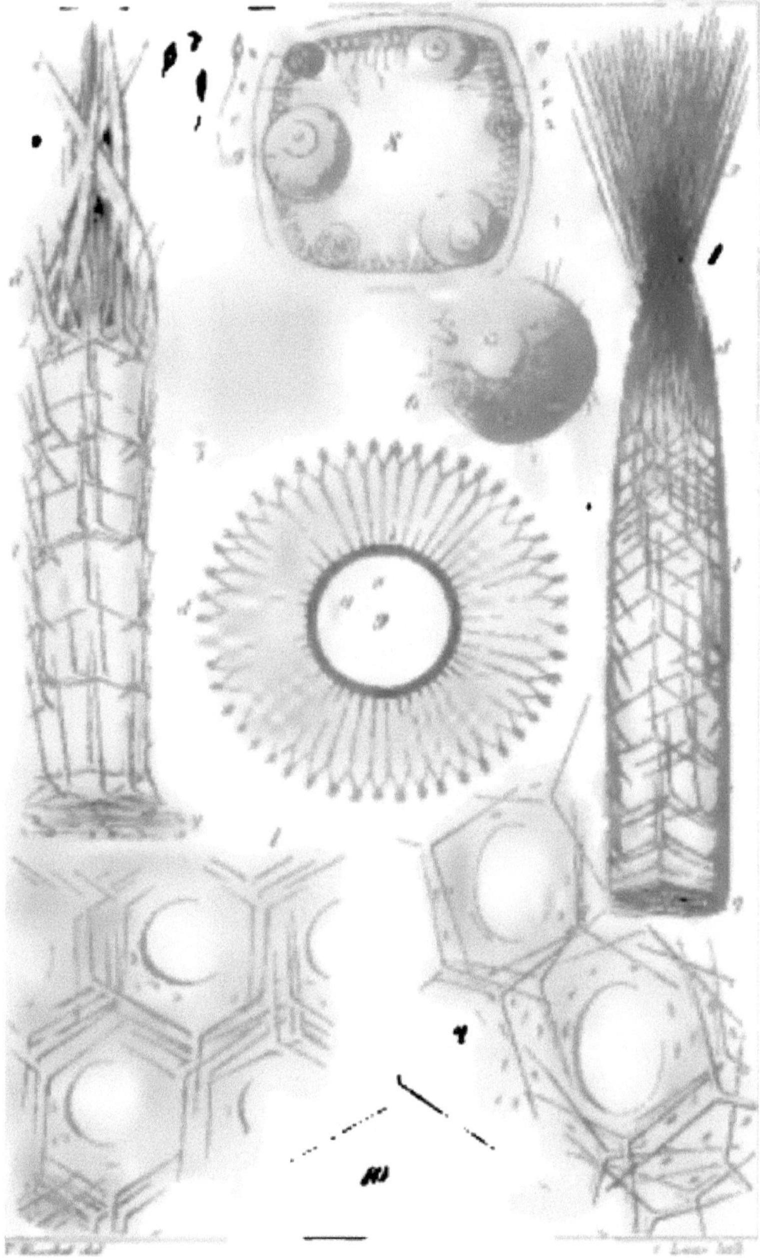

## Erklärung der Tafel 49.

### Familie: Sycones.

# Genus: Sycortis.

Species:

Sycortis laevigata

(Anatomie.)

## Tafel 49

### Sycortis laevigata (System p. 285)

Fig. 1. Eine einzelne Person mit nackter Mundöffnung (*Sycurus laevigatus*). Aus der Mitte der vorderen Körperwand ist ein grosses Stück ausgeschnitten, um in die Magenhöhle hineinzusehen. An der inneren Magenfläche sind die etwas eingesenkten Gastral-Ostien der Radial-Tuben, auf dem Längsschnitte der Magenwand die Radial-Tuben selbst sichtbar. Vergr. 6.

Fig. 2. Ein Stückchen Gastralfläche, mit den Gastral-Ostien von 8 Radial-Tuben. Vergrösserung 100.

Fig. 3. Ein Stück von 3 Radial-Tuben. Unten sind die gastralen und subgastralen Dreistrahler sichtbar, in der Mitte die tubaren Dreistrahler, welche hier 4 Glieder bilden, und oben die dermalen Dreistrahler, welche durch den umhüllenden Stabchen-Mörtel der winzigen Stabnadeln fast ganz verdeckt werden. Vergr. 100.

Fig. 4. Ein Stückchen Dermalfläche. Zwischen den Hautporen sind die Schenkel der dermalen Dreistrahler sichtbar, welche durch den Stabchen-Mörtel der winzigen Stabnadeln verkittet und umhüllt sind. Vergr. 100.

Fig. 5—7. Drei gastrale Dreistrahler. Vergr. 300.

Fig. 8—10. Drei tubare Dreistrahler (Fig. 8 aus dem subgastralen, Fig. 9 aus dem mittleren, Fig. 10 aus dem subdermalen Theile eines Tubus). Vergr. 300.

Fig. 11, 12. Zwei dermale Dreistrahler. Vergr. 300.

Fig. 13. Gruppe von sieben winzigen dermalen Stabnadeln. Vergr. 300.

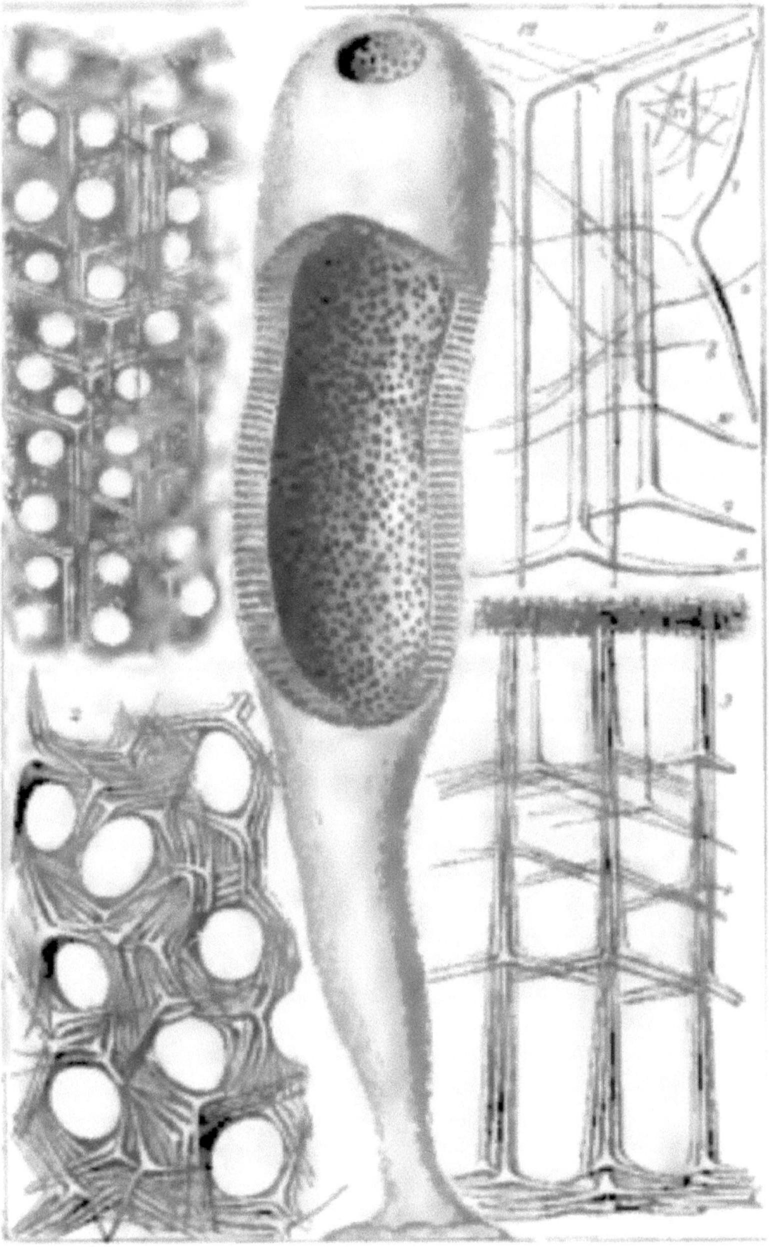

# Erklärung der Tafel 50.

## Familie: Sycones.

# Genus: Syculmis.

Species

Syculmis synapta

(Anatomie.)

## Tafel 50

### Sycinula synapta (System p. 298)

Fig. 1. Eine einzelne Person mit bekränzter Mundöffnung (*Sycinula synapta*). Oben ist die trichterförmige Peristom-Krone, unten der pinselförmige Wurzelschopf sichtbar, mittelst dessen der Schwamm frei im Schlamme steckt. Vergr. 10.

Fig. 2. Ein Stückchen Gastral-Skelet. Die freien Apical-Schenkel der sagittalen Vierstrahler sind oralwärts gekrümmt, der basale Schenkel abwärts nach aboralwärts gerichtet. Vergrösserung 200.

Fig. 3. Ein Stückchen Dermal-Skelet. Die geraden Basal-Schenkel der sagittalen Vierstrahler sind aboral nach abwärts gerichtet, die beiden Lateral-Schenkel divergiren nach oben oralwärts, der Apical-Schenkel (dunkel und verkürzt gezeichnet) springt centripetal in die Magenwand vor. Vergr. 200.

Fig. 4. Ein Stückchen Magenwand (aus dem oralen Theile der Person) im Längsschnitt. Man sieht das Skelet von 5 Radial-Tuben (*r*), rechts die dermale Fläche (*d*), links die gastrale Fläche im Profil (*m—n*). *g* Subgastrale Vierstrahler. *a* Apical-Schenkel der gastralen Vierstrahler. Vergr. 100.

Fig. 5. Die aborale Basis des Körpers, mit der Insertion des Wurzelschopfs (Skelet). *g* Grund der Magenhöhle. *r* Radial-Tuben. *d* Die dermalen Vierstrahler, welche unten in die dreizähnigen Anker-Nadeln übergehen und mit Stabnadeln gemischt den Wurzelschopf bilden. Vergr. 100.

Fig. 6. Acht einzelne ankerförmige oder quirlförmige Vierstrahler (dreizähnige Anker) aus dem Wurzelschopf. Vergr. 400.

Taf 50

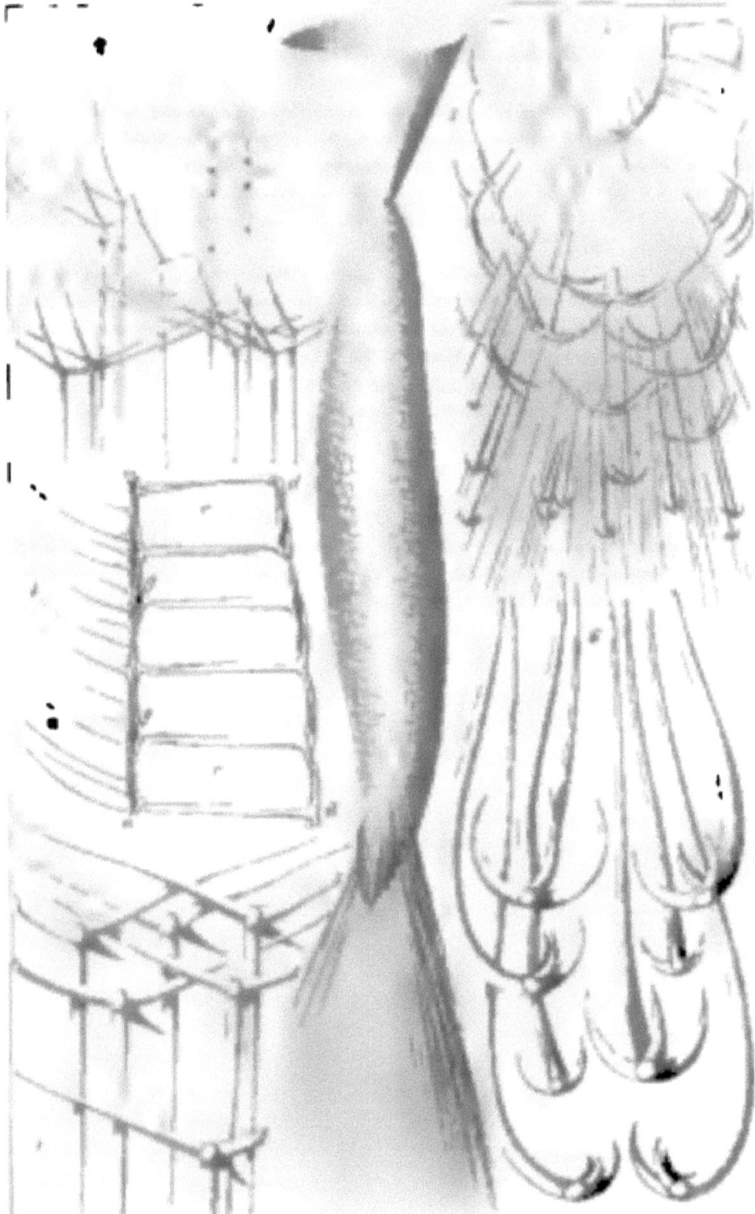

# Erklärung der Tafel 51.

Familie: Sycones.

## Genus: Sycandra.

Species.

S. ciliata  S. coronata  S. capillosa

(Spicula des Skelets.)

## Tafel 54

### Spicula des Genus Sycandra (IV).

Alle Figuren sind 200 mal vergrössert.

Fig. 1. Sycandra ramosa (System p. 360).
Fig. 2. Sycandra Humboldtii (System p. 344).
Fig. 3. Sycandra elegans (System p. 334).

Die Nadeln sind sämmtlich in derjenigen natürlichen Lagerung abgebildet, welche sie auf dem Längsschnitt eines horizontal liegenden Radial-Tubus einnehmen, dessen Gastral-Ende nach dem linken, dessen Distal-Ende nach dem rechten Rande der Tafel gerichtet ist. Daher ist der centrifugale Basal-Schenkel der tubaren Dreistrahler horizontal nach rechts, dagegen die beiden divergirenden Lateral-Schenkel nach links gerichtet (der eine nach oben, der andere nach unten). Diejenigen tubaren Dreistrahler, welche in der Mitte und im grössten Theile der Tubus-Wand liegen, sind mit *t* bezeichnet, die distalen Dreistrahler, welche am äusseren Ende des Tubus (oder am Distal-Conus) liegen, mit *d*, die proximalen und subgastralen Dreistrahler, welche am inneren Ende des Tubus, unmittelbar unter der Gastralfläche liegen, mit *p*. Der verticale Längsschnitt der Gastralfläche, in welcher die gastralen Dreistrahler und die drei Facial-Schenkel der gastralen Vierstrahler liegen, ist mit *m*—*n* bezeichnet, mit *m* das obere (orale), mit *n* das untere (aborale) Ende der Schnittfläche. Die Apical-Schenkel der gastralen Vierstrahler, welche (links) frei und nackt gekrümmt in die Magenhöhle vorspringen, sind mit *a* bezeichnet. Die radialen Stabnadeln, welche in dem dermalen Bündel am Distal-Ende jedes Radial-Tubus stecken, sind mit *s* bezeichnet, und zwar ihr inneres (proximales) Ende mit *s*, ihr äusseres (distales) Ende mit *e*. Die Figuren 2*e* und 3*e* stellen den zierlichen, einer Blumenkrone ähnlichen Schopf von Stabnadeln dar, welcher bei *S. Humboldtii* und *S. elegans* sich am distalen Conus jedes Radial-Tubus findet, umgeben von einem Kranze eigenthümlicher distaler Dreistrahler (2*d*, 3*d*).

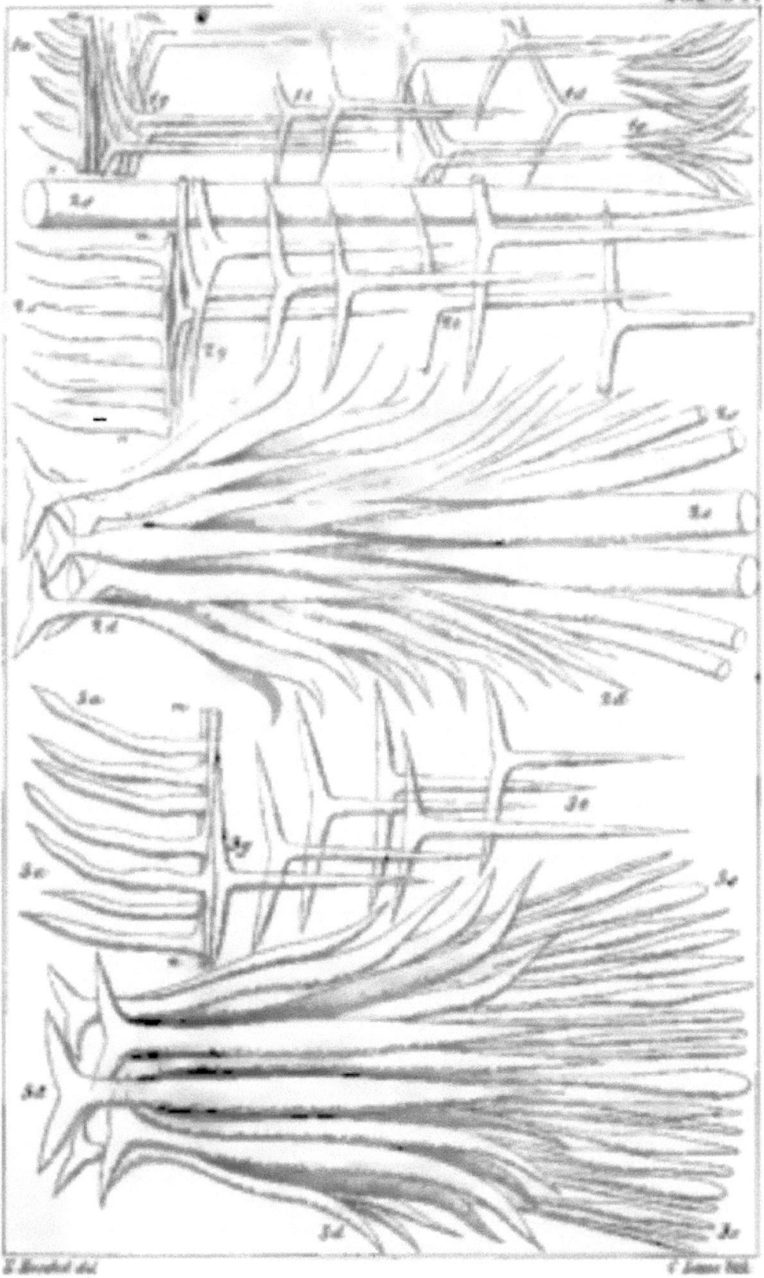

E. Hoeckel del. C. Lane lith.

# Erklärung der Tafel 53.

## Familie: Sycones.

# Genus: Sycandra.

Species

S. arctica. S. compressa. S. utriculus.

(Spicula des Skelets.)

## Tafel 55

### Species des Genus Sycandra (V).

Alle Figuren sind 300 mal vergrössert.

Fig. 1. Sycandra arctica (System p. 353).
Fig. 2. Sycandra compressa (System p. 360).
Fig. 3. Sycandra utriculus (System p. [illegible]).

Die Nadeln sind sämmtlich in derjenigen natürlichen Lagerung abgebildet, welche sie auf dem Längsschnitt eines horizontal liegenden Radial-Tubus einnehmen, dessen Gastral-Ende nach dem linken, dessen Dermal-Ende nach dem rechten Rande der Tafel gerichtet ist. Daher ist der centrifugale Basal-Schenkel der tubaren Dreistrahler horizontal nach rechts, dagegen ihre beiden divergirenden Lateral-Schenkel nach links gerichtet (der eine nach oben, der andere nach unten). Diejenigen tubaren Dreistrahler, welche in der Mitte und im grössten Theile der Tuben-Wand liegen, sind mit t bezeichnet, die distalen Dreistrahler, welche am äusseren Ende des Tubus (oder am Distal-Conus) liegen, mit d, die proximalen oder subgastralen Dreistrahler, welche am inneren Ende des Tubus, unmittelbar unter der Gastralfläche liegen, mit p. Der verticale Längsschnitt der Gastralfläche, in welcher die gastralen Dreistrahler und die drei Facial-Schenkel der gastralen Vierstrahler liegen, ist mit a—o bezeichnet, mit a das obere (orale), mit o das untere (aborale) Ende der Schnittlinie. Die Apical-Schenkel der gastralen Vierstrahler, welche (links) frei und meist gekrümmt in die Magenhöhle vorspringen, sind mit a bezeichnet. Die radialen Stabnadeln, welche in dem dermalen Büschel am Distal-Ende jedes Radial-Tubus stecken, sind mit s bezeichnet, und zwar ihr inneres (proximales) Ende mit i, ihr äusseres (distales) Ende mit e. Fig. 1 c sind tubare Vierstrahler von S. arctica. In Fig. 2 s sind die dermalen Stabnadeln verschiedener Varietäten von S. compressa abgebildet, nämlich 2 sf von S. fistulata, 2 sp von S. pennigera, 2 se von S. elongata und 2 sr von S. rhopalodes. Fig. 3 f stellt [illegible] Stabnadeln von S. utriculus dar.

## Erklärung der Tafel 56.

Familie: Sycones.

# Genus: Sycandra.

Species:

S. glabra. S. hystrix.

(Spicula des Skelets.)

## Tafel 56.

### System des Genus Sycandra (VI).

Alle Figuren sind 200mal vergrössert.

Fig. 1. Sycandra glabra (System p. 289).
Fig. 2. Sycandra hystrix (System p. 295).

Die Nadeln sind sämmtlich in derjenigen natürlichen Lagerung abgebildet, welche sie auf dem Längsschnitt eines horizontal liegenden Radial-Tubus einnehmen, dessen Gastral-Ende nach dem linken, dessen Dermal-Ende nach dem rechten Rande der Tafel gerichtet ist. Daher ist der centrifugale Basal-Schenkel der tubaren Dreistrahler horizontal nach rechts, dagegen ihre beiden divergirenden Lateral-Schenkel nach links gerichtet (der eine nach oben, der andere nach unten). 1g, 2g Subgastrale Dreistrahler aus dem proximalen Ende der Tuben-Wand. 1t, 2t Dreistrahler aus dem mittleren Theile der Tuben-Wand. 2d Subdermale Dreistrahler aus dem distalen Theile der Tuben-Wand. 2v Tuben-Vierstrahler. a—a Verticaler Längsschnitt der Gastralfläche. 1a, 2a Freie, centralwärts gekrümmte Apicalstacheln der gastralen Vierstrahler. 2l Subgastrale longitudinale Stabnadeln. 1s Dermale longitudinale Stabnadeln. 2r Radiale Stabnadeln, welche fast die ganze Magenwand durchsetzen und aussen weit vorragen. 2k Radiale Borsten des dermalen Filzes.

---

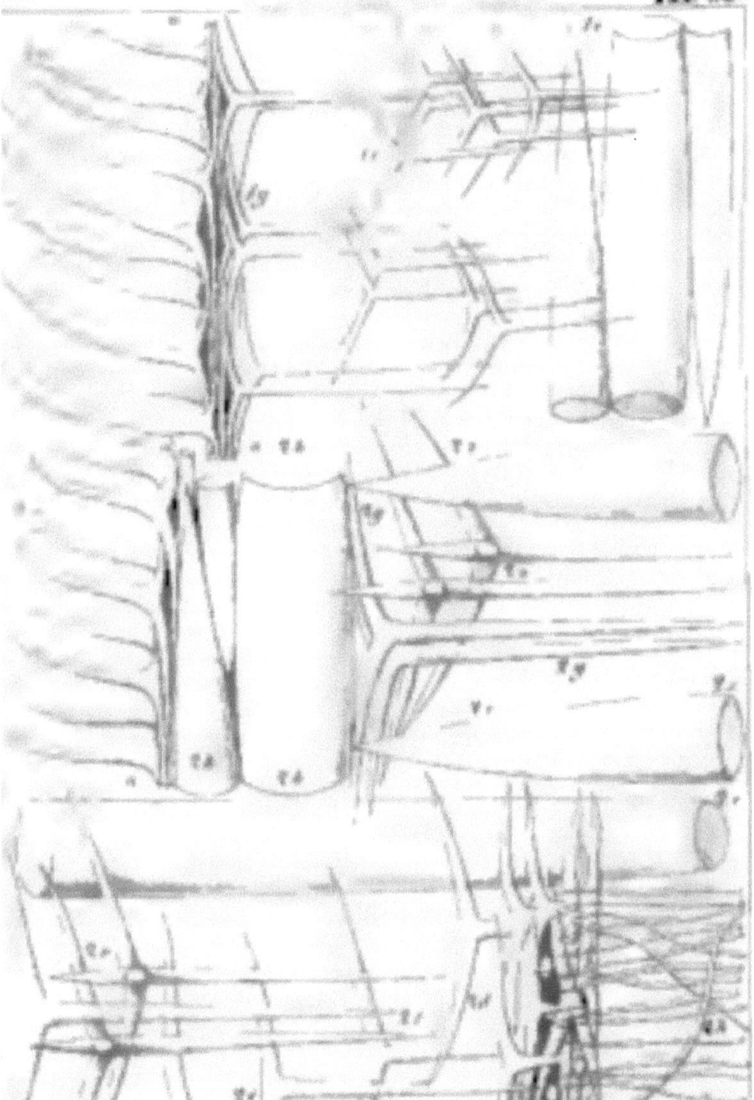

C. Zeiss lith.

# Erklärung der Tafel 37.

## Familie: Sycones

# Genus: Sycandra.

Species

Sycandra compressa

**(Polymorphose.)**

## Tafel 57.

### Sycandra compressa.

Alle Figuren stellen vollständige geschlechtsreife Individuen in natürlicher Grösse dar und repräsentiren die verschiedenen generischen Varietäten dieser höchst polymorphen Art, welche im künstlichen Systeme den Werth von verschiedenen Gattungen haben.

Fig. 1, 2. **Sycurus compressus.** Einzelne Personen mit nackter Mundöffnung.
Fig. 3, 4. **Syconella compressa.** Einzelne Personen mit rüsselförmiger Mundöffnung.
Fig. 5, 6. **Sycarium compressum.** Einzelne Personen mit bekränzter Mundöffnung.
Fig. 7, 8. **Sycocystis compressa.** Einzelne Personen ohne Mundöffnung.
Fig. 9–16. **Sycothamnus compressus.** Stöcke mit lauter nacktmündigen Personen.
Fig. 17, 18. **Sycinula compressa.** Zwei Stöcke mit lauter rüsselmündigen Personen.
Fig. 19, 20. **Sycodendrum compressum.** Zwei Stöcke mit lauter kranzmündigen Personen.
Fig. 21, 22. **Sycophyllum compressum.** Zwei Stöcke ohne Mundöffnungen.
Fig. 23–25. **Sycometra compressa.** Drei Stöcke, deren Personen und Personen-Gruppen verschiedene Genera des künstlichen Systems repräsentiren. Auf den Stöcken Fig. 23 und 24 sind nacktmündige Personen (*Sycurus*) und rüsselmündige Personen (*Syconella*) vereinigt. Auf dem Stock Fig. 25 kommen dazu noch kranzmündige Personen (*Sycarium*).

# Erklärung der Tafel 58.

## Familie: Sycones.

# Genus: Sycandra.

Species:

S. villosa. S. Schmidtii. S. elegans. S. utriculus. S. alcyoncellum.
S. ampulla. S. arborea. S. ramosa. S. ciliata.

**(Repräsentanten aller Sycon-Genera des künstlichen Systems.)**

## Tafel 58

Fig. 1. **Sycurus villosus** (System p. 325). Eine Person mit nackter Mundöffnung. Längsschnitt. Die cylindrische Magenhöhle ist mit [illegible] angefüllt. Vergr. 8.

Fig. 2. **Syconella Schmidtii** (System p. 326). Eine Person mit rüsselförmiger Mundöffnung. Durch einen Längsschnitt ist die rechte Hälfte der Magenhöhle und der Magenwand blossgelegt. Vergr. 5.

Fig. 3. **Sycarium elegans** (System p. 328). Eine Person mit bekränzter Mundöffnung. Durch einen aufsteigenden senkrechten axialen Längsschnitt ist die rechte Hälfte der Magenhöhle blossgelegt. Rechts sieht man auf dem Längsschnitt der Magenwand die horizontalen Radial-Tuben, an deren äusserem Ende die Distal-Kegel. Vergr. 12.

Fig. 4. **Sycocystis [illegible]** (System p. 330). Eine Person ohne Mundöffnung. Längsschnitt. Man sieht das Fachwerk von radial gerichteten Scheidewänden und Lamellen, welche die Magenhöhle durchsetzen. Vergr. 3.

Fig. 5. **Sycothamnus alcyoncellum** (System p. 331). Ein Stock mit lauter nacktmündigen Personen. Natürliche Grösse.

Fig. 6. **Sycinula ampulla** (System p. 332). Ein Stock mit lauter rüsselmündigen Personen. Vergrösserung 8.

Fig. 7. **Sycodendrum arboreum** (System p. 333). Ein Stock mit lauter kranzmündigen Personen. Natürliche Grösse.

Fig. 8. **Sycophyllum ramosum** (System p. 334). Ein Stock ohne Mundöffnungen. Natürliche Grösse.

Fig. 9. **Sycometra alcicornis** (System p. 336). Ein Stock, dessen Personen theils nacktmündig (*Sycurus*), theils rüsselmündig (*Syconella*) und theils kranzmündig sind (*Sycarium*). Vergrösserung 2.

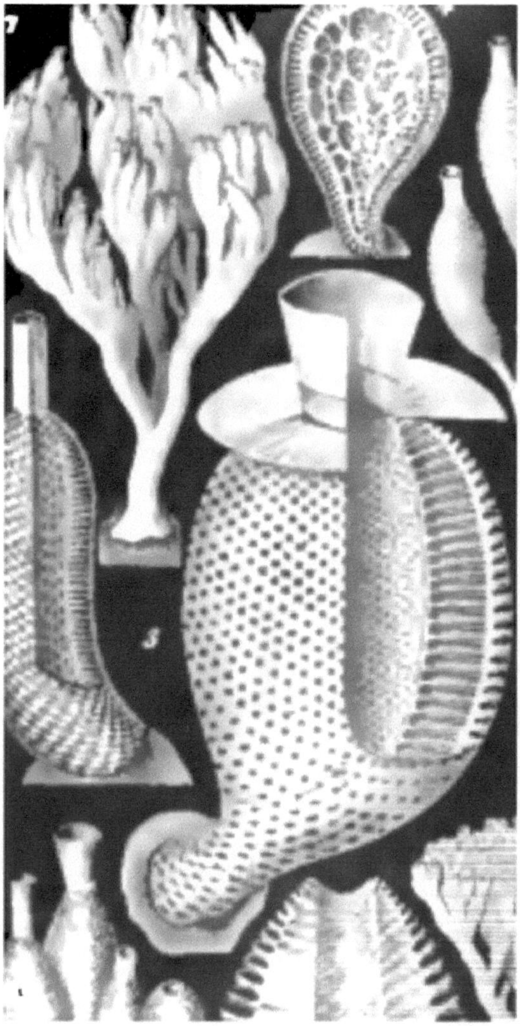
7
8

# Erklärung der Tafel 59.

## Familie: Syconea.

# Genus: Sycandra.

Species

**Sycandra hystrix.**

**(Sycarium-Form.)**

## Tafel 59

### Synandra hystrix (System p. 375)

Die Figur stellt das einzige bis jetzt bekannte Exemplar von Synandra hystrix in [illegible] Vergrösserung dar. Dasselbe ist eine schöne Person mit behaarter Mundöffnung (Syconium hystrix), gefunden am Cap Agulhas, der südlichsten Spitze von Afrika. Die Person ist durch einen Längsschnitt halbirt, und man sieht in die geräumige cylindrische Magenhöhle hinein, deren Oberfläche regelmässig [illegible] erscheint durch die longitudinalen Bündel von [illegible] Stabnadeln (d). Zwischen diesen sieht man die [illegible] Reihen der Central-Ostien (o). Auf dem [illegible] Durchschnitte der Magenwand erblickt man zu äusserst eine doppelte [illegible] Radial-Schicht, von denen die innere (g) durch die [illegible] Vierstrahler (mit [illegible] Apical-Schenkeln), die äussere (h) durch die colossalen longitudinalen Stabnadeln gebildet wird. Dazwischen [illegible] die Durchschnitte der Radial-Tuben (f), welche durch die colossalen radialen Stabnadeln (s) gestützt werden. Die Distal-Fläche der Tuben erscheint durch einen breiten äusseren Saum (k) begrenzt, welcher aus einer mehrfach geschichteten Decke von [illegible] Dreistrahlern besteht. Darüber erhebt sich [illegible] der dornige [illegible] Pelz (l), welcher aus zahllosen [illegible] radialen Stabnadeln zusammengesetzt ist. An dem Peristom-Kranze der Mundöffnung aber ist der [illegible] Collar-Ring (r) durch eine scharfe Linie (b) von der [illegible] Collar-Krone (c) abgegrenzt. Vergrösserung 6.

Taf 39

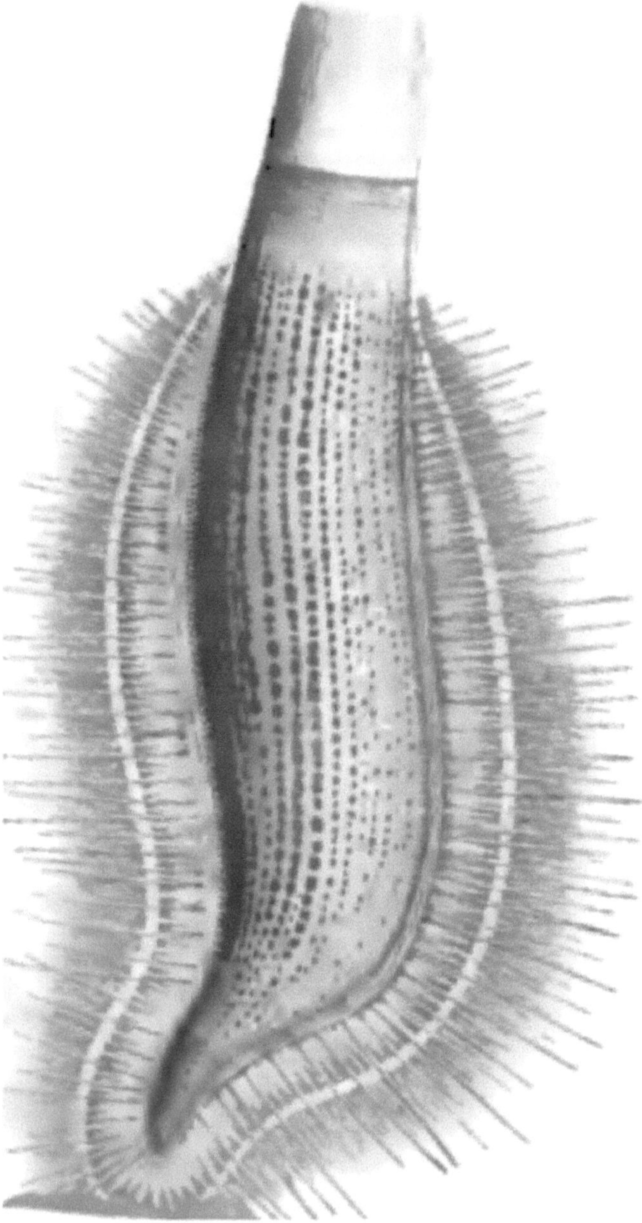

# Erklärung der Tafel 60.

## Familie: Syconen.

# Genus: Sycandra.

Species

S. coronata S. raphanus S. villosa S. capillosa S. setosa
S. Humboldtii S. Schmidtii S. glabra S. arctica S. hystrix

(Schema des Gastrocanal-Systems und des Intercanal-Systems der Syconen.)

# Canal-System der Sycones.

Schematische Darstellung der verschiedenen Verhältnisse des Canal-Systems und namentlich der Radial-Tuben und der radialen Intercanäle bei den Sycones. Das Exoderm ist durch blaue, das Entoderm durch rothe, und die Hohlräume des Gastrocanal-Systems durch schwarze Farbe bezeichnet. Die Hohlräume des Intercanal-Systems sind weiss.

Fig 1—6. Sycandra [illegible] (Subgenus [illegible]). Ontogenie.

Fig 1. Flimmernde Larve ohne Mundöffnung (Planula). Längsschnitt.

Fig 2. Flimmernde Larve mit Mund-Öffnung (Gastrula). Längsschnitt.

Fig 3. Erstes Stadium des festsitzenden jungen Sycon (Olynthus). Längsschnitt.

Fig 4. [illegible] Sycon-Form ([illegible]), entstanden durch strahlende Knospung von secundären Olynthus (Radial-Tuben) an der [illegible] Dermalfläche des primären Olynthus (Fig 3). Längsschnitt.

Fig 5. [illegible] Sycon-Form (Fig 4) mit weiter entwickelten, aber frei oder nur an der Basis verwachsenen Radial-Tuben. (Hälfte eines Längsschnittes.)

Fig 6. Quadrant eines Querschnittes derselben Sycon-Form (Fig 5).

Fig 7. Sycandra [illegible] (Subgenus [illegible]). Quadrant eines Querschnittes. Die Radial-Tuben sind grösstentheils verwachsen; nur die Distal-Kegel (in der Figur [illegible]) bleiben frei.

Fig 8. Sycandra ciliata (Subgenus [illegible]). Quadrant eines Querschnittes. Radial-Tuben fast ohne Distal-Kegel.

Fig 9—10. Sycandra capillosa (Subgenus [illegible]).

Fig 9. Quadrant eines Querschnittes. Radial-Tuben ohne Distal-Kegel.

Fig 10. Hälfte eines Längsschnittes. Radial-Tuben ohne Distal-Kegel.

Fig 11—16. Stücke von sechs Schnitten, welche parallel der Längsaxe durch die Magenwand gelegt sind und senkrecht die Radial-Tuben schneiden (tangential zur Dermalfläche).

Fig 11. Sycandra setosa (Subgenus [illegible]). Querschnitte der Radial-Tuben achteckig, mit dreikantigen Intercanälen.

Fig 12. Sycandra Humboldtii (Subgenus [illegible]). Querschnitte der Radial-Tuben sechseckig, mit vierkantigen Intercanälen.

Fig 13. Sycandra Schmidtii (Subgenus [illegible]). Querschnitte der Radial-Tuben viereckig, mit vierkantigen Intercanälen.

Fig 14. Sycandra glabra (Subgenus [illegible]). Querschnitte der Radial-Tuben cylindrisch, mit cylindrischen Intercanälen.

Fig 15. Sycandra arctica (Subgenus [illegible]). Querschnitte der Radial-Tuben viereckig, ohne Intercanäle.

Fig 16. Sycandra [illegible] (Subgenus [illegible]). Querschnitte der Radial-Tuben unregelmässig polyedrisch, ohne Intercanäle.

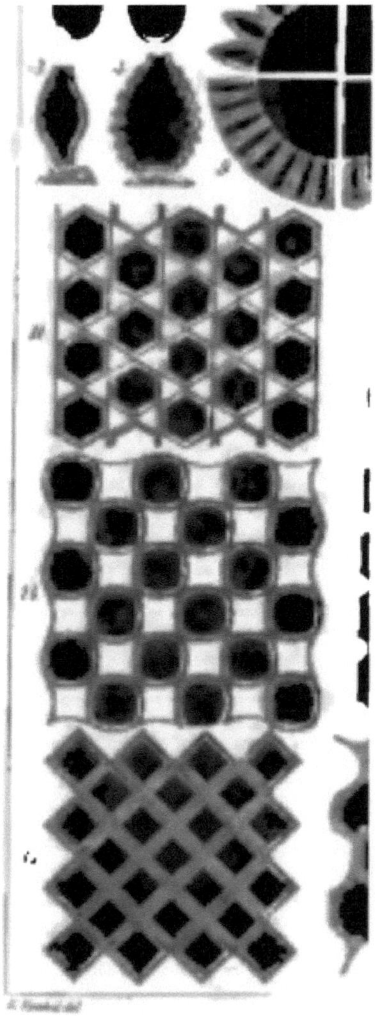